国家电网有限公司
STATE GRID
CORPORATION OF CHINA

（2022版）

国家电网有限公司
供应商资质能力信息核实规范

第五册
配电网材料

国家电网有限公司　组编

中国电力出版社
CHINA ELECTRIC POWER PRESS

内 容 提 要

本书是"国家电网有限公司供应商资质能力信息核实规范（2022版）"中的《配电网材料》分册，包括10kV杆塔类，环形混凝土电杆，20kV及以下导、地线，10kV及以下架空绝缘导线、集束绝缘导线，30kV及以下电缆，10kV及以下电缆附件，电缆保护管，10kV ADSS光缆（全介质自承式光缆），10kV交流绝缘子，10kV及以下线路金具，铁附件11项供应商资质能力核实规范。

本书可供电力企业物资管理、数据管理等相关专业的工作人员及电力企业物资供应商参考学习。

图书在版编目（CIP）数据

国家电网有限公司供应商资质能力信息核实规范. 第五册，配电网材料：2022版 / 国家电网有限公司组编. —北京：中国电力出版社，2022.12
ISBN 978-7-5198-7139-0

Ⅰ.①国…　Ⅱ.①国…　Ⅲ.①电力工业–工业企业管理–供销管理–管理规程–中国②配电系统–工程材料–供销管理–管理规程–中国　Ⅳ.①F426.61-55

中国版本图书馆CIP数据核字（2022）第186388号

出版发行：中国电力出版社
地　　址：北京市东城区北京站西街19号（邮政编码100005）
网　　址：http://www.cepp.sgcc.com.cn
责任编辑：刘丽平　张冉昕
责任校对：黄　蓓　朱丽芳
装帧设计：张俊霞
责任印制：石　雷

印　　刷：三河市百盛印装有限公司
版　　次：2022年12月第一版
印　　次：2022年12月北京第一次印刷
开　　本：787毫米×1092毫米　16开本
印　　张：11.25
字　　数：249千字
印　　数：0001—3000册
定　　价：58.00元

编 委 会

工 作 组

组　长　　熊汉武

副组长　　孙　萌　　樊　炜　　储海东　　陈金猛

成　员　　牛艳召　　曾思成　　刘岩松　　党　冬　　黄　柱　　宋述贵

张　斌　　张婧卿　　孔宪国　　王　冬　　倪长爽　　李　凌

耿　庆　　王　兵　　刘　松　　李　萍　　谢晓非　　郝嘉诚

汪　贝　　姜璐璐　　李思行　　许志斌　　田　宇　　刘晨晨

崔　强　　高彦龙　　王　伟　　吴春生　　周　京　　冯三勇

孙宏志　　陈之浩　　韩　飞　　陈　瑜　　骆星智　　章义贤

谢先明　　吴　云　　车东昀　　吴皇均　　王杨宁　　周银春

金涌川　　范文波　　董德坤　　刘红星　　李　珂　　南　天

陈文强　　李伟锋　　张　亮　　王倩倩

《国家电网有限公司供应商资质能力信息核实规范（2022 版）第五册　配电网材料》

本　册　编　写　人　员

陈金猛	张婧卿	孔宪国	郝嘉诚	汪　贝	陈　煜
叶　飞	乔国华	郭路遥	熊　涛	宋永春	尹　涛
邓　勇	熊长寿	李瑞祥	宋秉虎	刘宇峰	郭　宇
何梦媛	王治国	杨　建	陆珏明	杨　帆	邓敬华
苗　峰	王　伟	范海亮	马春晓	孙　成	张冬冬
王昀杰	滕雨蔓	王　伟	丁　涛	李均毅	赵国英
赵旭阳	楼方迪	刘　韬	吴　浩	梁程程	欧阳敏
夏宁泽	畅爱文	蔡成良	张佳杰	吴新华	骆星智
丁　健	汪茂彦	陈永强	车东昀	刘昕蕾	贾璐璐
杨　威	吴明孝	黄　伟	孙宏志	陈令英	任　炜
尹奎龙	任社宜	宋媛媛	张　阳	王峤峙	张翰林
高彦龙	刘静斐	史晓飞	周　扬	王民涛	梁　杰
陈文强	李伟锋	赵　欣	史　晨	张　亮	王倩倩
卢正达	王艳艳	李　钊	向　丰	吴晓亮	李　巍
刘　涛	李云龙	李祎春	马晨光	余　婕	刘　旸
董世康	严黎明				

前　　言

　　国家电网有限公司采购电网设备材料主要采用公开招标的方式。在电网设备材料的招标文件中，对投标人的资质业绩、生产能力做了明确要求。供应商投标时，在投标文件中需要提供与资质业绩、生产能力相关的大量支持文件，专家在评标时也只能根据投标文件对供应商进行评价。为减少供应商制作投标文件时的重复性劳动，国家电网有限公司开展供应商资质能力信息核实工作。

　　为确保供应商资质能力信息核实工作的严谨规范，国家电网有限公司组织编制了涵盖主要输变电设备材料等物资的供应商资质能力信息核实规范，并按物资类别及适用范围分编为35kV及以上输变电设备，35kV及以上输变电装置性材料，营销、二次设备、信息化设备、通信设备，配电网设备和配电网材料五册，对供应商资质情况、设计研发、生产制造、试验检测、原材料/组部件管理等方面的核实内容、核实方法、有关要求做了明确的规定。核实规范是国家电网有限公司开展供应商资质能力信息核实的依据，同时供应商也可以对照进行自查和改进。

　　当前，面临保障安全可靠供应、加快清洁低碳转型、助力实现"双碳"目标重大战略任务，国家电网有限公司积极发挥能源电力产业链供应链链主企业优势，引导供应商向绿色制造、智能制造、低碳制造发展，在供应商资质能力信息核实规范中增加了供应商绿色化、智能化、数字化转型等方面的内容，适用范围扩展到特高压设备、材料等，同时依据现行国家标准、行业标准、团体标准、企业标准等标准化文件，对核实规范条款进行了优化完善。

　　国家电网有限公司将供应商资质能力信息核实作为一项常态化工作，定期组织开展，供应商自愿参加。供应商将相关资质业绩信息填入电子商务平台中的结构化模板，国家电网有限公司组织相关专家根据供应商提交的支持性材料，以及通过现场核对的方式对电子商务平台中的信息进行核实。已核实的资质能力信息，供应商投标时应用，可不再出具对应事项的原始证明材料，实现"基本信息材料一次收集、后续重复使用并及时更新"。这不仅大大降低了投标成本，也避免了供应商在制作投标文件时因人为失误遗漏部分材料而导致的废标，进一步优化了营商环境。

　　资质能力信息核实并非参与投标的前置必备条件，未参加核实的供应商仍可正常参与招投标活动。国家电网有限公司没有"合格供应商名录"。2020年开始，取消"一纸证明"发放，强化信息在线公示及应用，供应商随时登录电子商务平台查看，核实过的资质能力信息，供应商投标时直接在线应用，但不是资格合格标志，只作为评标时评审参考。

　　核实规范在编制中，得到了国家电网有限公司各单位、相关专家及部分供应商的大力支持与配合，在此表示衷心的感谢！

　　核实规范涉及内容复杂，不足之处在所难免，希望国家电网有限公司系统内外各单位及相关供应商在应用过程中多提宝贵意见。

编　者

2022 年 10 月

总 目 录

10kV 杆塔类供应商资质
能力信息核实规范

目　次

10kV 杆塔类供应商资质能力信息核实规范

1 范围

本文件是国家电网有限公司对杆塔类产品供应商的资质条件以及制造能力信息进行核实工作的依据。

本文件适用于国家电网有限公司 10kV 杆塔类产品供应商的信息核实工作。包括：

a) 10kV 电压等级角钢铁塔（简称角钢塔）；

b) 10kV 电压等级角钢钢管组合铁塔（简称钢管塔）；

c) 10kV 电压等级钢管杆（桩）。

2 规范性引用文件

下列文件中的内容通过文中的规范性引用而构成本文件必不可少的条款。其中，注日期的引用文件，仅该日期对应的版本适用于本文件；不注日期的引用文件，其最新版本（包括所有的修改单）适用于本文件。

GB/T 41   1 型六角螺母 C 级

GB/T 699   优质碳素结构钢

GB/T 700   碳素结构钢

GB/T 706   热轧型钢

GB/T 709   热轧钢板和钢带的尺寸、外形、重量及允许偏差

GB/T 1591   低合金高强度结构钢

GB/T 2694   输电线路铁塔制造技术条件

GB/T 3098.1   紧固件   机械性能   螺栓   螺钉和螺柱

GB/T 3098.2   紧固件   机械性能   螺母

GB/T 5117   非合金钢及细晶粒钢焊条

GB/T 5118   热强钢焊条

GB/T 5267.3   紧固件   热浸镀锌层

GB/T 5780   六角头螺栓 C 级

GB/T 8162   结构用无缝钢管

GB/T 9445   无损检测人员试验资格鉴定与认证

GB/T 10045   碳钢药芯焊丝

GB/T 11345   焊缝无损检测   超声检测   技术、检测等级和评定

GB/T 12470   埋弧焊用低合金钢焊丝和焊剂

GB/T 13912　金属覆盖层　钢铁制件热浸镀锌层技术要求及实验方法

GB/T 29711　焊缝无损检测　超声检测　焊缝中的显示特征

GB/T 29712　焊缝无损检测　超声检测　验收等级

GB/T 50661　钢结构焊接规范

DL/T 284　输电线路杆塔及电力金具用热浸镀锌螺栓与螺母

DL/T 646　输变电钢管结构制造技术条件

HG/T 2537　焊接用二氧化碳

HG/T 3728　焊接用混合气体　氩–二氧化碳

JB/T 3223　焊接材料质量管理规程

NB/T 47013.4　承压设备无损检测　第 4 部分：磁粉检测

NB/T 47013.5　承压设备无损检测　第 5 部分：渗透检测

Q/GDW 707　输电线路钢管塔薄壁管对接焊缝超声波检验及质量评定

Q/GDW 1384　输电线路钢管塔加工技术规程

国家电网有限公司材料类物资采购标准　杆塔卷　铁附件卷

3　资质信息

3.1　企业信息

3.1.1　※基本信息

查阅营业执照。

供应商为中华人民共和国境内依法注册的法人或其他组织。

3.1.2　法定代表人/负责人信息

查阅法定代表人/负责人身份证（或护照）。

3.1.3　财务信息

查阅审计报告、财务报表，其中审计报告为具有资质的第三方机构出具。

3.1.4　资信等级证明

查阅银行或专业评估机构出具的证明。

3.1.5　注册资本和股本结构

查阅验资报告。

3.2　※报告证书

3.2.1　检验报告（适用于角钢塔）

查阅检验报告、送样样品生产过程记录以及其他支撑资料。

a）　具有国家市场监督管理总局授权的检验机构出具的检验报告。

b）　检验报告的委托方和产品制造方是供应商自身。

c）　高电压等级检验报告可覆盖低电压等级检验报告。

d）　检验报告检验项目齐全，不得拼凑（整份报告由同一检验机构一次性出具）和借用，否则视为无效。

3.2.2　产品质量合格证书及相应检验报告（适用于钢管塔和钢管杆）

查阅产品质量合格证书及相应检验报告。

  a) 具有国家市场监督管理总局授权的检验机构出具的产品合格证书及相应检验报告，检验机构具有计量认证合格证书，且证书附表检验范围涵盖被核实产品。

  b) 产品质量合格证书及相应检验报告的委托方和产品制造方是供应商自身。

  c) 产品质量合格证书在有效期内，高电压等级可覆盖低电压等级。

  d) 检验报告检验项目齐全，不得拼凑（整份报告由同一检验机构一次性出具）和借用，否则视为无效。

3.2.3　管理体系认证

查阅管理体系认证证书。具有质量管理体系证书，证书在有效期内，有定期年检记录且认证范围涵盖被核实产品。

3.3　产品业绩

查阅供货合同及相对应的发票。

  a) 出口业绩提供报关单。

  b) 不予统计的业绩有（不限于此）：

    1) 供应商与同类产品制造厂之间的业绩；

    2) 产品在试验室或试验站的业绩；

    3) 供应商与代理商、经销商之间的供货业绩（出口业绩除外）。

4　设计研发能力

4.1　技术来源与支持

查阅与合作支持方的协议以及设计文件图纸等相关信息。

4.2　设计研发内容

查阅新产品新材料的设计、试验、关键工艺技术、质量控制方面的研发情况。

4.3　设计研发人员

查阅设计研发部门的机构设置及放样人员等信息。

4.4　设计研发工具

查阅设计研发工具或放样软件的名称、使用情况等信息。

4.5　获得专利情况

查阅与产品相关的专利证书。

4.6　参与标准制（修）订情况

查阅主持或参与制（修）订并已发布的标准及相关证明材料信息。

4.7　产品获奖情况

查阅与产品相关的获奖证书等相关信息。

4.8　商业信誉

查阅企业相关国家、行业或第三方发布的综合实力、品牌等排名。

5 生产制造能力

5.1 ※生产厂房

查阅不动产权证书、土地使用权证、房屋产权证、厂房设计图纸、房屋租赁合同、用电客户编号等相关信息。

具有与产品生产相配套的厂房。不能借用、临时租用其他公司的厂房，如长期租用则提供长期租赁合同及相应证明文件等。厂房面积、生产环境和工艺布局按从原材料/组部件到产品入库所规定的每道工序的工艺文件及工艺技术的要求合理布局工艺流程，且能保证被核实产品的生产。

5.2 生产工艺

5.2.1 工艺控制文件

查阅工艺控制文件以及工艺流程控制记录等相关资料。

主要生产工艺和工序控制点（放样、下料、制孔、制弯、焊接、镀锌、检验、试组装等）的工艺文件，依据的技术标准正确，各工序控制参数满足相应的国家标准、电力行业标准、国家电网有限公司企业标准和物资采购标准、工艺要求。作业指导书齐全且具有可操作性。焊接工艺评定文件支撑焊接作业文件。工艺管理制度健全。

5.2.2 关键生产工艺控制

产品工艺技术成熟、稳定。从原材料/组部件到产品入库所规定的每道工序的工艺技术能保证产品生产的需要。生产产品的各个工序按工艺文件执行，现场记录内容规范、详实，具有可追溯性，现场定置管理有明显标识。

5.3 ※生产设备

查阅设备的现场实际情况与购买合同、发票等相关信息相符。

a) 具有与产品生产相适应的设备，主要生产设备自有（应符合附录 A），且设备使用情况良好。

b) 设备使用正常，并建立设备管理档案（包括使用说明、台账、保养维护记录等），其保养维护等记录规范、详实，具有可追溯性。

5.4 生产、技术、质量管理人员

查阅人力资源部门管理文件（如劳动合同、人员花名册、社保缴纳记录等），包括生产、技术、质量管理等人员数量，结合现场实际情况，观察现场人员的操作水平。

a) 具有生产需要的专职生产、技术人员。一线生产人员培训上岗，操作熟练。焊工持资格证，资格证在有效期内。各类型产品关键岗位人员要求应符合附录 B。

b) 具有质量管理组织机构及人员。

6 试验检测能力

6.1 ※试验场所

查看试验场所现场情况。

具有独立的试验室，试验室面积和环境满足试验要求。

6.2 试验检测管理

查阅相关的规章制度文件、过程记录以及出厂试验报告等相关信息。

具有试验室管理制度、操作规程、试验标准，现场定置管理有明显标识，并在操作过程中严格按照规程执行。

6.3 ※试验检测设备

查阅设备的现场实际情况及设备购置发票等相关信息。

a) 具备完成理化检测、锌层检测和无损探伤的能力。试验检测设备经过计量检定合格，且在有效期内，满足所测项目精度要求。各类型产品具有的配套主要试验检测设备应符合附录C。

b) 建立设备管理档案（包括使用说明、台账、保养维护记录等），其保养维护等记录完整，具有可追溯性。

6.4 ※试验检测人员

查阅人力资源部门管理文件（如劳动合同、人员花名册、社保缴纳记录等）、人员资质证书以及培训记录。

具有相应数量的试验检测技术人员，试验检测人员经过培训考核持证上岗。试验人员能熟练操作试验检测设备和仪器仪表，并掌握试验方法、熟悉相应标准，能熟练和准确判断试验结果是否满足国家标准、电力行业标准、国家电网有限公司企业标准和物资采购标准要求。各类型产品试验人员的要求应符合附录B。

6.5 现场抽样

原则上现场应对与被核实产品相同或相近型式的产品进行抽样检验。样品应在供应商声明的合格产品中抽取，抽样检验项目一般在出厂试验项目中选取。抽样检验重点核实供应商试验方法、试验场地环境、人员操作能力、仪器设备有效性和产品性能等方面。

现场采用抽取产品样本进行实物检测并抽查检测报告和检验记录。如现场无所核实电压等级产品的成品，按照现场最高电压等级产品的成品来进行抽样。

a) 产品抽样。

角钢塔现场抽样范围包括焊接件、角钢主材、腹材、接头件、镀锌件、连接板至少各 3 支。检查项目包括：焊缝尺寸、表面及内部质量，构件长度、规格、孔形、孔距，锌层表面质量和厚度等。钢管塔、钢管杆（桩）现场抽样范围包括焊接件、主材、腹材、法兰、镀锌件至少各 3 支。检查项目包括：焊缝尺寸、表面及内部质量，构件外形尺寸、孔形、孔距，锌层表面质量和厚度等。

b) 检测报告抽样。

现场抽查原材料力学性能试验、化学成分分析、成品件/半成品件无损检测、试组装、零部件、镀锌等检测报告，每项检测报告至少抽查 3 份。检测报告检测项目齐全，数据准确，填写规范，内容符合国家标准、电力行业标准、国家电网有限公司企业标准和物资采购标准要求。理化检测和无损检测报告，由有资质的试验人员出具。

现场具备检测条件，抽样试验应一次性通过。

7 原材料/组部件管理

7.1 管理规章制度

查阅原材料/组部件管理规章制度。

a) 具有严格的原材料及外购件（角钢、钢板、钢管、法兰、锌锭、焊材、螺栓等）管理制度。

b) 具有原材料供应商的评价制度。

c) 具有原材料进厂检验制度并严格执行。

7.2 管理控制情况

查看原材料/组部件管理实际执行情况。

a) 原材料入厂后按照国家标准、电力行业标准、国家电网有限公司企业标准和物资采购标准进行复检，复验记录完整、准确。

b) 原材料按材质分类存放整齐，标识清晰（至少包括钢厂名称、材质、规格、炉批号，且色标准确）、正确、规范，严禁不同材质混放。

c) 原材料采购合同、材料质保书、入厂复检、出入库等管理规范；现场记录内容规范、详实，原材料的使用具有可追溯性。

d) 材料的出入库管理规范，领用料记录体现工程名称、塔型、规格型号和数量，材料质保单号、钢材生产厂家、炉批号。确保原材料使用的可追溯性。

e) 原材料/组部件抽样。

对角钢塔的主要组部件（如角钢、钢板、紧固件等）进行随机抽样见证检验（现场抽检至少各 3 件，抽查项目包括表面质量、厚度、角钢肢宽、外形尺寸等），抽样满足角钢边宽度、边厚度及钢板厚度负偏差为国家标准的 50%，且存在负偏差的抽检产品数量不超过所有抽检产品数量的 50%。必要时见证力学性能试验过程。

钢管塔（大跨越组合钢管塔）、钢管杆（桩）的主要组部件（如钢板、钢管、角钢、法兰、紧固件等）进行随机抽样见证检验（现场抽检至少各 3 件，抽查项目包括表面质量、厚度、角钢肢宽、外形尺寸等），抽样满足角钢边宽度、边厚度及钢板厚度负偏差为国家标准的 50%，且存在负偏差的抽检产品数量不超过所有抽检产品数量的 50%。必要时见证力学性能试验过程。

8 数智制造

应用互联网和物联网技术，打造"透明工厂"，生产制造、试验检验、原材料/组部件管理等信息对买方公开，接入国家电网电工装备智慧物联平台。

加强数字基础设施建设，推动数字技术与先进制造技术融合发展。供应商相关业务数据、原材料/组部件检验数据、生产过程检验数据、出厂试验数据、成品信息数据和视频数据等支持自动采集或系统推送。数据接口需保障数据完整性、正确性、安全性，具有可扩展性、通信实时性等。

9 绿色发展

查看供应商资源能源消耗情况、战略体系、绿色认证及其他支撑材料，包括：

a) 相关油、水、气、煤及电力、热力等能源消耗，建立能源利用统计报表制度，分析生产经营环节能源利用情况。

b) 相关绿色工厂认证、绿色产品标识、绿色供应链管理等相关资质文件。

c) 将绿色发展理念融入战略体系中，并形成明确的绿色发展目标，制定详实且具有操作性的实施路径。

d) 建立、实施并保持支撑企业绿色低碳发展的绿色管理体系情况，包括但不限于能源管理体系、碳排放管理体系、能源计量管理体系等。

e) 使用无害原材料，禁止使用国家明令禁止的淘汰设备、工艺技术等，并应用国家鼓励的节能设备与先进工艺技术情况。

f) 建立完善的绿色采购管理制度，推广绿色包装材料应用，并建立系统的循环利用体系，实施绿色制造情况。

g) 生产环节的大气污染物排放、水体污染物排放、固体废弃物排放、噪声排放等基础排放符合相关国家标准及地方标准要求情况。

10 售后服务及产能

查阅管理文件、组织机构设置、人员档案以及售后服务记录等相关信息。

产能情况通过现场实际情况及供应商提供的产能计算报告，根据产品生产的瓶颈进行判断，主要考虑以下设备和工装情况：

角钢塔：场地面积、角钢自动加工设备、板材自动加工设备等。

钢管塔：场地面积、角钢自动加工设备、板材自动加工设备、埋弧自动焊接设备、相贯线切割机等。

钢管杆（桩）：场地面积、板材自动加工设备、折弯机、埋弧自动焊接设备等。

本文件中所有核实内容都将对供应商参与招投标活动有重要影响，其中标记"※"的内容是以往招标必备项的要求，也是重点核实内容，其他未标记"※"的为一般核实内容。

附 录 A
主 要 生 产 设 备

10kV 杆塔各类型产品生产现场的主要生产设备应符合表 A.1 要求。

表 A.1 主 要 生 产 设 备 表

序号	生产设备
（一）10kV 角钢塔	
※1	具备角钢自动加工生产线及板材自动加工生产线
2	具备板材、型钢下料切割设备
3	具备剪板机
※4	具备清根、铲背设备
5	具备矫直设备、火曲加热设备
※6	1）具备 9m 长度构件的热镀锌能力（10kV 输电线路铁塔投标人自有镀锌设备或镀锌厂家为投标人参股或控股的独立法人或可外委）； 2）自有镀锌设备厂家提供排污许可证； 3）参股或控股镀锌厂的铁塔投标人提供与镀锌厂家签订的有效期一年以上的镀锌合同以及镀锌厂家的出资证明，同时提供镀锌厂的营业执照、排污许可证； 4）镀锌外委时有固定合作方，且铁塔供应商提供与镀锌厂签订的镀锌外委合同，同时提供镀锌厂的营业执照、排污许可证
7	二氧化碳气体保护焊机（或直流焊机）不少于 2 台，且有焊丝、焊条、烘干设备及保管库
※8	具备试组装场地及相应吊装设备
（二）10kV 钢管塔	
※1	具备角钢自动加工生产线及板材自动加工生产线
2	具备板材、型钢下料切割设备、火曲加热设备
※3	具备剪板机、12m 长或两台 6m 长及以上的折弯机
※4	具备可处理 12m 长及以上钢材的火焰或等离子等自动切割机、自动焊接设备
※5	具备数控相贯线切割机
6	具备 ϕ80 钻床
7	二氧化碳气体保护焊机（或直流焊机）不少于 5 台，且有焊丝、焊条、焊剂烘干设备及保管库
※8	1）具备 9m 长度构件的热镀锌能力（10kV 输电线路铁塔投标人自有镀锌设备或镀锌厂家为投标人参股或控股的独立法人或可外委）； 2）自有镀锌设备厂家提供排污许可证； 3）参股或控股镀锌厂的铁塔投标人提供与镀锌厂家签订的有效期一年以上的镀锌合同以及镀锌厂家的出资证明，同时提供镀锌厂的营业执照、排污许可证； 4）镀锌外委时有固定合作方，且铁塔供应商提供与镀锌厂签订的镀锌外委合同，同时提供镀锌厂的营业执照、排污许可证

表 A.1（续）

序号	生产设备
※9	具备试组装场地及相应吊装设备
（三）10kV 钢管杆（桩）	
※1	具备剪板机、12m 长或两台 6m 长及以上的折弯机
※2	具备可处理 12m 长及以上钢材的火焰或等离子等自动切割机、自动焊接设备
3	具备 ϕ80 钻床
4	具备火曲加热设备、二氧化碳气体保护焊机（或直流焊机）不少于 5 台，且有焊丝、焊条、焊剂烘干设备及保管库
※5	1）具备 9m 长度构件的热镀锌能力（10kV 输电线路铁塔投标人自有镀锌设备或镀锌厂家为投标人参股或控股的独立法人或可外委）； 2）自有镀锌设备厂家提供排污许可证； 3）参股或控股镀锌厂的铁塔投标人提供与镀锌厂家签订的有效期一年以上的镀锌合同以及镀锌厂家的出资证明，同时提供镀锌厂的营业执照、排污许可证； 4）镀锌外委时有固定合作方，且铁塔供应商提供与镀锌厂签订的镀锌外委合同，同时提供镀锌厂的营业执照、排污许可证
※6	具备试组装场地及相应吊装设备

附 录 B
各类型产品关键岗位人员要求

10kV 杆塔各类型产品关键岗位人员应符合表 B.1 要求。

表 B.1 各类型产品关键岗位人员要求

序号	关键岗位人员	岗位类型
（一）10kV 角钢塔		
1	放样人员不少于 2 人	生产岗位
2	持证焊工不少于 5 人	生产岗位
3	持证力学性能和化学分析试验技术人员至少各 2 人	试验岗位
※4	持证超声波无损检测（UT）人员至少 2 人，其中Ⅱ级及以上至少 1 人	试验岗位
（二）10kV 钢管塔		
1	放样人员不少于 3 人	生产岗位
2	持证焊工不少于 5 人	生产岗位
3	持证力学性能和化学分析试验技术人员至少各 2 人	试验岗位
※4	持证超声波无损检测（UT）人员至少 2 人，其中Ⅱ级及以上至少 1 人	试验岗位
（三）10kV 钢管杆（桩）		
1	放样人员不少于 3 人	生产岗位
2	持证焊工不少于 5 人	生产岗位
3	持证力学性能和化学分析试验技术人员至少各 2 人	试验岗位
※4	持证超声波无损检测（UT）人员至少 2 人，其中Ⅱ级及以上至少 1 人	试验岗位

附 录 C
主 要 试 验 检 测 设 备

10kV 杆塔各类型产品试验场所的主要试验检测设备应符合表 C.1 要求。

表 C.1 主 要 试 验 检 测 设 备

序号	试验检测设备
一、10kV 角钢塔	
1	具备 300kN 及以上万能材料试验机和钢材化学分析设备
※2	具备超声波探伤仪
3	具备对紧固件按 GB/T 3098.1、GB/T 3098.2 复检和剪切试验检测设备
4	具备锌层检测设备
5	尺寸检测器具（例如游标卡尺、钢卷尺、焊缝检验尺等）
6	落锤实验装置
7	硫酸铜实验装置
二、10kV 钢管塔、钢管杆（桩）	
1	具备 300kN 及以上万能材料试验机和钢材化学分析设备
※2	具备超声波探伤仪
3	具备对紧固件按 GB/T 3098.1—2020、GB/T 3098.2—2015 复检和剪切试验检测设备
4	具备冲击试验机、低温槽
5	具备锌层检测设备
6	尺寸检测器具（例如游标卡尺、钢卷尺、焊缝检验尺等）
7	落锤实验装置
8	硫酸铜实验装置

环形混凝土电杆供应商资质能力信息核实规范

目　　次

环形混凝土电杆供应商资质能力信息核实规范

1 范围

本文件是国家电网有限公司对环形混凝土电杆产品供应商的资质条件以及制造能力信息进行核实工作的依据。

本文件适用于国家电网有限公司环形混凝土电杆产品供应商的信息核实工作。包括：

a) 非预应力锥形/等径混凝土电杆；

b) 部分预应力锥形/等径混凝土电杆；

c) 预应力锥形/等径混凝土电杆。

2 规范性引用文件

下列文件中的内容通过文中的规范性引用而构成本文件必不可少的条款。其中，注日期的引用文件，仅该日期对应的版本适用于本文件；不注日期的引用文件，其最新版本（包括所有的修改单）适用于本文件。

GB 175　通用硅酸盐水泥

GB 748　抗硫酸盐硅酸盐水泥

GB 8076　混凝土外加剂

GB 50010　混凝土结构设计规范

GB 50204　混凝土结构工程施工质量验收规范

GB 50205　钢结构工程施工质量验收规范

GB/T 700　碳素结构钢

GB/T 701　低碳钢热轧圆盘条

GB/T 1499.1　钢筋混凝土用钢　第 1 部分：热轧光圆钢筋

GB/T 1499.2　钢筋混凝土用钢　第 2 部分：热轧带肋钢筋

GB/T 3098.1　紧固件机械性能　螺栓、螺钉和螺柱

GB/T 3098.2　紧固件机械性能　螺母

GB/T 4623　环形混凝土电杆

GB/T 5223　预应力混凝土用钢丝

GB/T 5223.3　预应力混凝土用钢棒

GB/T 14684　建设用砂

GB/T 14685　建设用卵石、碎石

GB/T 50081　混凝土物理力学性能试验方法标准

GB/T 50107　混凝土强度检验评定规范

JC/T 2126.5　水泥制品工艺技术规程　第 5 部分：环形混凝土电杆

JGJ 63　混凝土用水规范

JGJ 18　钢筋焊接及验收规程

YB/T 5294　一般用途低碳钢丝

Q/GDW 11256　配电网杆塔选型技术原则和检测技术规范

国家电网有限公司材料类物资采购标准（2019 版）杆塔卷

国家电网有限公司材料类物资采购标准（2019 版）铁附件卷

3　资质信息

3.1　企业信息

3.1.1　※基本信息

查阅营业执照。

供应商为中华人民共和国境内依法注册的法人或其他组织。

3.1.2　法定代表人/负责人信息

查阅法定代表人/负责人身份证（或护照）。

3.1.3　财务信息

查阅审计报告、财务报表，其中审计报告为具有资质的第三方机构出具。

3.1.4　资信等级证明

查阅银行或专业评估机构出具的证明。

3.1.5　注册资本和股本结构

查阅验资报告。

3.2　※报告证书

3.2.1　检验报告

查阅检验报告、送样样品生产过程记录以及其他支撑资料。

a)　检验报告出具机构为国家授权的专业检测机构［具有资质认定计量合格证书（CMA）或中国合格评定委员会颁发的 CNAS 实验室认可证书，且证书附表检测范围涵盖被核实产品的试验项目］。各类检验报告均系针对具体型式规格产品的检验报告。

b)　混凝土电杆具有相应品种的检验报告，产品报告不能相互替代。

c)　检验报告的委托方和产品制造方是供应商自身。

d)　检验报告试验项目满足现行国家规范要求。具体检验项目应符合附录 A。

3.2.2　管理体系认证

查阅管理体系认证证书。具有质量管理体系证书，证书在有效期内，有定期年检记录且认证范围涵盖被核实产品。

3.3　产品业绩

查阅供货合同及相对应的销售发票。

a) 合同的供货方和实际产品的生产方均为供应商自身。

b) 出口业绩提供报关单。

c) 不予统计的业绩有（不限于此）：

    1) 供应商与同类产品制造厂之间的业绩；

    2) 产品在试验室或试验站的业绩；

    3) 供应商与代理商、经销商之间的供货业绩（出口业绩除外）。

4 设计研发能力

4.1 技术来源与支持
查阅与合作支持方的协议以及设计文件图纸等相关信息。

4.2 设计研发内容
查阅新产品新材料的设计、试验、关键工艺技术、质量控制方面的研发情况。

4.3 设计研发人员
查阅设计研发部门的机构设置及设计人员等信息，具有图纸转化技术人员。

4.4 设计图纸
查阅图纸型号、设计图纸来源、升级方式等相关信息。

4.5 获得专利情况
查阅与产品相关的专利证书。

4.6 参与规范制（修）订情况
查阅主持或参与制（修）订并已发布的标准及相关证明材料信息。

4.7 产品获奖情况
查阅与产品相关的获奖证书等相关信息。

4.8 商业信誉
查阅企业相关国家、行业或第三方发布的综合实力、品牌等排名。

5 生产制造能力

5.1 ※生产厂房
查阅不动产权证书、土地使用权证、房屋产权证、厂房设计图纸、房屋租赁合同、用电客户编号等相关信息。

具有与产品生产相配套的厂房。不能借用、临时租用其他公司的厂房，如长期租用则提供长期租赁合同及相应证明文件等。生产场地面积（厂区总面积、生产车间总面积、原材料存放场地面积、半成品/成品库面积、养护场地面积等）、生产环境要能满足被核实产品生产要求。生产现场具有安全措施。厂区和生产现场布局基本合理。生产车间、原材料存放场地、半成品/成品存放场地和养护场地有相对独立的空间，产品堆放符合国家标准要求。

5.2 生产工艺

5.2.1 工艺控制文件

查阅工艺控制文件以及工艺流程控制记录等相关资料。

主要生产工艺和工序控制点（混凝土配料、制笼、张拉、离心、蒸汽养护等）的工艺文件，依据的技术标准正确，各工序控制参数满足相应的国家标准、电力行业标准、国家电网有限公司企业标准和物资采购标准、工艺要求。作业指导书齐全且具有可操作性。工艺管理制度健全。

5.2.2 关键生产工艺控制

产品工艺技术成熟、稳定。从原材料/组部件到产品入库所规定的每道工序的工艺技术能保证产品生产的需要。生产产品的各个工序按工艺文件执行，现场记录内容规范、详实，具有可追溯性。

5.3 ※生产设备

查阅设备的现场实际情况与购买合同、发票等相关信息相符。

具有与被核实产品生产相适应的设备，主要生产设备自有，各类型产品具有配套生产设备，主要生产设备应符合附录 B。主要生产设备有维护保养记录，运行正常。张拉设备的张拉表计具有检定证书，且在有效期内。

5.4 生产、技术、质量管理人员

查阅人力资源部门管理文件（如劳动合同、人员花名册、社保缴纳记录等），包括生产、技术、质量管理等人员数量，结合现场实际情况，观察现场人员的操作水平。各个生产环节的员工培训上岗，能够熟练操作设备及工装器具。

6 试验检测能力

6.1 ※试验场所

查看试验场所现场情况。

具有独立的试验场所，试验场所和环境满足试验要求。

6.2 试验检测管理

查阅相关的规章制度文件、过程记录以及出厂试验报告等相关信息。

具有试验室管理制度、操作规程、试验标准，现场定置管理有明显标识，并在操作过程中严格按照规程执行。

6.3 ※试验检测设备

查阅设备的现场实际情况及设备购置合同、发票、试验记录、检定证书等相关信息。

主要的试验检测设备自有，试验检测设备计量检定合格且在有效期内。各类型产品具有配套试验检测设备，主要试验检测设备应符合附录 C。

6.4 试验检测人员

查阅人力资源部门管理文件（如劳动合同、人员花名册、社保缴纳记录等）、人员资质证书以及培训记录，考察现场试验能力。

具有相应数量的试验检测技术人员，试验检测人员经过培训考核持证上岗。试验人

员能熟练操作试验检测设备和仪器仪表，并掌握试验方法、熟悉相应规范，能熟练和准确判断试验结果是否满足相应规范要求。

6.5 现场抽样

6.5.1 检测报告抽样

现场随机抽查至少两份被核实产品的出厂试验记录，试验项目齐全、试验数据满足要求。具体检验项目应符合附录 A 出厂试验。

6.5.2 ※产品抽样

原则上现场应对与被核实产品相同或相近型式的产品进行抽样检验。样品应在供应商声明的合格产品中抽取，抽样检验项目一般在出厂试验项目中选取。抽样检验重点核实供应商试验方法、试验场地环境、人员操作能力、仪器设备有效性和产品性能等方面。

现场抽取产品样本进行实物检测，抽检项目包括外观质量、尺寸、标识、承载力、挠度，并抽查检测报告和检验记录。具体检验项目应符合附录 A 现场抽样检验。

现场具备检测条件，抽样试验项目应一次性通过。

7 原材料/组部件管理

7.1 管理规章制度

具有原材料管理规章制度、原材料及外购件（抱箍、法兰等）管理制度和原材料供应商的评价制度。

7.2 ※管理控制情况

严格执行原材料及外购件进厂检验制度，记录完整、准确。原材料及外购件分类存放整齐，标识清晰、正确。原材料及外购件采购合同、材料质保书、入场复检、出入库等管理规范，原材料及外购件的使用具有可追溯性。

8 数智制造

应用互联网和物联网技术，打造"透明工厂"，生产制造、试验检验、原材料/组部件管理等信息对买方公开，接入国家电网电工装备智慧物联平台。

加强数字基础设施建设，推动数字技术与先进制造技术融合发展。供应商相关业务数据、原材料/组部件检验数据、生产过程检验数据、出厂试验数据、成品信息数据和视频数据等支持自动采集或系统推送。数据接口需保障数据完整性、正确性、安全性，具有可扩展性、通信实时性等。

9 绿色发展

查看供应商资源能源消耗情况、战略体系、绿色认证及其他支撑材料，包括：

a) 相关油、水、气、煤及电力、热力等能源消耗，建立能源利用统计报表制度，分析生产经营环节能源利用情况。

b) 相关绿色工厂认证、绿色产品标识、绿色供应链管理等相关资质文件。

c) 将绿色发展理念融入战略体系中，并形成明确的绿色发展目标，制定详实且具有操作性的实施路径。

d） 建立、实施并保持支撑企业绿色低碳发展的绿色管理体系情况，包括但不限于能源管理体系、碳排放管理体系、能源计量管理体系等。

e） 使用无害原材料，禁止使用国家明令禁止的淘汰设备、工艺技术等，并应用国家鼓励的节能设备与先进工艺技术情况。

f） 建立完善的绿色采购管理制度，推广绿色包装材料应用，并建立系统的循环利用体系，实施绿色制造情况。

g） 生产环节的大气污染物排放、水体污染物排放、固体废弃物排放、噪声排放等基础排放符合相关国家标准及地方标准要求情况。

10 售后服务及产能

查阅管理文件、组织机构设置、人员档案以及售后服务记录等相关信息。

产能情况通过现场实际情况及供应商提供的产能计算报告，结合产品生产的瓶颈进行判断。产能主要考虑以下设备和工装情况：场地面积、离心机与模具、混凝土搅拌机、蒸汽养护设备等。

本文件中所有核实内容都将对供应商参与招投标活动有重要影响，其中标记"※"的内容是以往招标必备项的要求，也是重点核实内容，其他未标记"※"的为一般核实内容。

附 录 A
检 验 报 告 项 目

环形混凝土电杆各类型产品检验报告项目应符合表 A.1 要求。

表 A.1 检 验 报 告 项 目

序号		检验项目	型式试验	出厂检验	现场抽样检验
1	外观质量	表面裂缝	▲	▲	▲
2		漏浆	▲	▲	▲
3		局部碰伤	○	▲	▲
4		内外表面露筋	▲	▲	▲
5		内表面混凝土塌落	▲	▲	▲
6		蜂窝	▲	▲	▲
7		麻面粘皮	○	▲	▲
8		接头钢板圈坡口至混凝土端面距离	○	○	○
9	尺寸偏差	杆长	○	▲	▲
10		壁厚	○	▲	▲
11		外径	○	▲	▲
12		保护层厚度	▲	○	▲
13		杆段弯曲度	▲	▲	▲
14		端部倾斜	▲	▲	▲
15		预埋件	○	○	○
16		钢板圈或法兰盘轴线与杆端轴线	○	○	○
17	力学性能	抗裂检验系数（非预应力混凝土电杆不适用）	▲	▲	▲
18		承载力	▲	▲	▲
19		挠度	▲	▲	▲
20		裂缝宽度（预应力混凝土电杆不适用）	▲	▲	▲
21		混凝土抗压强度	○	▲	○

注 "▲"为必做试验项目，"○"为需要时进行的试验项目。

附 录 B
主 要 生 产 设 备

环形混凝土电杆各类型产品生产现场的主要生产设备应符合下列项目要求：

a)　※具有相应产品的离心机、模具。

b)　※具有相应产品的镦头机、张拉机、调直定尺剪切设备（预应力、部分预应力必备）。

c)　※具有相应产品的混凝土搅拌站或者具有混凝土搅拌机及配料计量装置。

d)　※具有相应产品的电弧焊焊机或者滚焊机。

e)　※具有相应产品的蒸汽养护设备。

f)　※具有与相应产品相匹配的起重机械设备。

附 录 C
主 要 试 验 检 测 设 备

环形混凝土电杆各类型产品试验现场的主要试验检测设备应符合下列项目要求：

a) 600kN 及以上万能材料试验机。

b) ※混凝土强度抗压试验检测设备。

c) 筛分设备。

d) ※混凝土电杆力学性能（荷载、挠度、裂缝宽度）测试仪器及力学性能试验台。

e) 外观及尺寸偏差检测量具。

f) 塌落度测试工具。

g) 恒温恒湿养护室或恒温恒湿规范养护箱。

h) 混凝土振动台。

20kV 及以下导、地线供应商资质能力信息核实规范

目　　次

20kV 及以下导、地线供应商资质能力信息核实规范

1 范围

本文件规定了国家电网有限公司对导、地线产品供应商的资质条件及制造能力进行信息核实工作的依据。

本文件适用于国家电网有限公司 20kV 及以下导、地线产品供应商的信息核实工作。包括：

    a）钢芯铝绞线；

    b）铝包钢芯铝绞线；

    c）铝绞线；

    d）镀锌钢绞线；

    e）铝包钢绞线。

2 规范性引用文件

下列文件中的内容通过文中的规范性引用而构成本文件必不可少的条款。其中，注日期的引用文件，仅该日期对应的版本适用于本文件；不注日期的引用文件，其最新版本（包括所有的修改单）适用于本文件。

    GB/T 470　锌锭

    GB/T 1179　圆线同心绞架空导线

    GB/T 1196　重熔用铝锭

    GB/T 1839　钢产品镀锌层质量试验方法

    GB/T 2317　电力金具电晕和无线电干扰试验

    GB/T 3048　电线电缆电性能试验方法

    GB/T 3190　变形铝及铝合金成分

    GB/T 3428　架空绞线用镀锌钢线

    GB/T 3954　电工圆铝杆

    GB/T 4354　优质碳素钢热轧盘条

    GB/T 4909　裸电线试验方法

    GB/T 17048　架空绞线用硬铝线

    GB/T 17937　电工用铝包钢线

    GB/T 20141　型线同心绞架空导线

    GB/T 22077　架空导线蠕变试验方法

GB/T 29325　架空导线用软铝型线

YB/T 5004　镀锌钢绞线

YB/T 123　铝包钢丝

YB/T 124　铝包钢绞线

IEC 61395　架空绞线蠕变试验方法

IEC 61394　架空线用防腐油脂

国家电网有限公司材料类物资采购标准（2019 版）导、地线卷

3　资质信息

3.1　企业信息

3.1.1　※基本信息

查阅营业执照。

供应商为中华人民共和国境内依法注册的法人或其他组织。

3.1.2　法定代表人/负责人信息

查阅法定代表人/负责人身份证（或护照）。

3.1.3　财务信息

查阅审计报告、财务报表，其中审计报告为具有资质的第三方机构出具。

3.1.4　资信等级证明

查阅银行或专业评估机构出具的证明。

3.1.5　注册资本和股本结构

查阅验资报告。

3.2　报告证书

3.2.1　※检测报告

查阅检测报告，送样样品生产过程记录以及其他支撑资料。

检测报告相关要求包括：

a）　检测报告出具机构为国家授权的专业检测机构［具有计量认证合格证书（CMA）及中国合格评定国家认可委员会颁发的 CNAS 实验室认可证书，且证书附表检测范围涵盖被核实产品的试验项目］，或国际专业权威机构。

b）　检测报告的委托方和产品制造方为供应商自身。

c）　检测报告试验产品类型与被核实的产品类型相一致。

d）　产品的检测报告符合相应的国家标准、行业标准、国家电网有限公司采购标准的规定，检测报告项目应符合附录 A。

e）　检验报告中载明的报告有效期与国家标准、行业标准、国家电网有限公司物资采购标准规定的检测报告有效期有差异的，以有效期短的为准；国家标准、行业标准、国家电网有限公司物资采购标准、试验机构均未明确检测报告有效期的，检测报告有效期按长期有效认定。

f）　当产品在设计、材料或制造工艺改变或者产品转厂生产或异地生产时，重新进

行相应的型式试验。

3.2.2 ※管理体系认证

查阅管理体系认证证书。具有质量管理体系证书，证书在有效期内，有定期年检记录且认证范围涵盖被核实产品。

3.2.3 ※生产许可证

查阅生产许可证。

生产许可证相关要求包括：

a) 钢芯铝绞线、铝包钢芯铝绞线、铝绞线、镀锌钢绞线、铝包钢绞线产品具有生产许可证。

b) 出具单位为各省级及以上质量技术监督局/市场监督管理局。

3.2.4 产品鉴定证书

查阅产品鉴定证书。

3.3 产品业绩

查阅供货合同及相对应的合同销售发票。

产品业绩相关要求包括：

a) 合同的供货方和实际产品的生产方均为供应商自身。

b) 出口业绩提供报关单、产品发票、产品型号、所用工程名称、电压等级、合同中文版本或经公证后的中文译本等相应证明文件。出口业绩电压等级往下认可最接近的电压等级。

c) 不予统计的业绩有（不限于此）：

1) 与同类产品制造厂之间的业绩；

2) 在试验室或试验站的业绩；

3) 出口业绩的外贸合同、发票、报关单及对应产品型号等信息资料难以核实或不全的；

4) 与代理商之间的供货业绩（出口业绩除外）；

5) 与非最终用户（即业主单位或负责所供货物运行、生产的单位以外的主体）签订的供货合同。

4 设计研发能力

4.1 技术来源与支持

查阅与合作支持方的协议，以及设计文件图纸等相关信息。

4.2 设计研发内容

查阅产品研发的设计、试验、关键工艺技术、质量控制方面的情况。

4.3 设计研发人员

查阅设计研发部门的机构设置及人员信息。

4.4 获得专利情况

查阅与产品相关的专利证书。

4.5 参与标准制（修）订情况

查阅主持或参与制（修）订并已发布的标准及相关证明材料信息。

4.6 产品获奖情况

查阅与产品相关的省部级及以上获奖证书的相关信息。

4.7 商业信誉

查阅企业相关国家、行业或第三方发布的综合实力、品牌等排名。

5 生产制造能力

5.1 ※生产厂房

查阅不动产权证书、土地使用权证、房屋产权证、房屋租赁合同、厂房设计图纸、房屋租赁合同、用电客户编号等相关信息。

厂房不能临时租用或借用，具有满足生产、试验要求的厂房。租用厂房须有租赁合同，且连续租赁期不少于 2 年，同时需提供租赁方的土地使用权证、房屋产权证复印件或扫描件。

5.2 ※生产工艺

5.2.1 工艺控制文件

查阅与被核实产品相关的工艺文件及相关记录等。

各工序的作业指导书、工艺控制文件齐全、统一、规范。其工艺文件中所规定的关键技术要求和技术参数不低于国家标准、电力行业标准、国家电网有限公司物资采购标准。各工艺环节中无国家明令禁止的行为。

不同类型导、地线产品具有与之相应的生产工序，具体应符合表 1。

表 1 不同类型导、地线的生产工序

序号	产品类型	主要工序（包含但不限于）
1	钢芯铝绞线、铝包钢芯铝绞线、铝绞线	连铸连轧工序（铝杆外购可无此工序）、拉丝工序、绞线工序、抽样试验、例行试验、包装储运
2	铝包钢绞线	包覆工序、拉丝工序、绞线工序、抽样试验、例行试验、包装储运
3	镀锌钢绞线	拉丝工序、热镀锌工序（热镀锌外委可无此工序）、绞线工序、抽样试验、例行试验、包装储运

5.2.2 关键生产工艺控制

产品工艺技术成熟、稳定。从原材料/组部件到产品入库所规定的每道工序的工艺技术能保证产品生产的需要。生产产品的各个工序按工艺文件执行，现场记录内容规范、详实，具有可追溯性。现场定置管理，有明显的标识牌，主要的生产设备的操作规程图表上墙。如现场无所核实产品生产，但具有相近类型产品生产，可通过查阅该种产品以往生产、检测等过程记录文件以确认供应商生产工艺控制执行情况。

5.3 ※生产设备

查阅设备的现场实际情况及购买发票等相关信息。

生产设备相关要求包括：

a) 具有与产品生产相适应的设备，设备自有，不能租用。不同类型导、地线的主要生产设备应符合表2。

表2 不同类型导、地线的主要生产设备

序号	产品类型	主要生产设备
1	钢芯铝绞线、铝包钢芯铝绞线、铝绞线	拉丝机，框绞线机（管绞线机）
2	铝包钢绞线	包覆机，双金属拉线机或铝包钢拉线机、钢线绞线机
3	镀锌钢绞线	钢线拉线机、镀锌设备（热镀锌外委可无此设备）、钢线绞线机

b) 设备使用正常，设备上的计量仪器仪表具有合格的检定或校准证书，并在有效期内。建立设备管理档案（包括使用说明、保养维护记录等），其维修保养等记录规范、详实，具有可追溯性。计量仪器、设备具有相应资格单位出具的有效检定证书。

5.4 ※生产、技术、质量管理人员

查阅人力资源部门管理文件（如劳动合同、人员花名册、社保缴纳记录等），包括生产、技术、质量管理等人员数量，结合现场实际情况，观察现场人员的操作水平。

生产、技术、质量管理人员相关要求包括：

a) 具有满足生产需要专职工作人员，且不得借用其他公司人员。一线生产人员培训上岗，操作熟练。

b) 具有质量管理组织机构、质量管理部门及人员。

6 试验检测能力

6.1 ※试验场所

查看试验场所现场情况。

具有与实验产品相配套的试验场所，试验场所环境满足相应试验项目要求。

6.2 ※试验检测管理

查阅相关的规章制度文件、过程记录以及出厂试验报告等相关信息。

具有试验检测管理制度、操作规程、试验标准，并在操作过程中严格按照规程执行。

6.3 ※试验检测设备

查阅设备的现场实际情况及购买发票、检定证书等相关信息。

设备齐全，满足进行国家标准、行业标准、国家电网有限公司物资采购标准所规定的抽样试验检测要求，不能委托其他单位进行。主要试验检测设备应符合表 3。

表 3 不同类型导、地线的主要试验检测设备

导、地线类型	拉力试验机（立式拉力试验机）	扭转试验机	卷绕试验机（不要求计量检定）	直流电阻测试仪	台秤	引伸仪	游标卡尺	千分尺	读数显微镜/投影仪	分析天平
钢芯铝绞线	√	√	√	√	—	√	—	—	—	—
铝包钢芯铝绞线	√	√	√	√	—	√	—	—	√	—
铝绞线	√	—	√	√	—	—	—	—	—	—
镀锌钢绞线	√	√	√	—	—	√	—	—	—	—
铝包钢绞线	√	√	√	√	—	√	—	—	√	—

设备使用正常，具有相应资格单位出具的有效检定证书。建立设备管理档案（包括使用说明、保养维护记录等），其维修保养等记录规范详实，具有可追溯性。

6.4 ※试验检测人员

查阅人力资源部门管理文件（如劳动合同、人员花名册等）、人员资质证书以及培训记录。

试验人员通过考核培训，并取得试验员证书，持证上岗。试验人员能独立完成试验，操作熟练，掌握相关国家标准、行业标准和国家电网有限公司采购标准的有关规定，并具有一定的试验结果分析能力。

6.5 ※现场抽样

6.5.1 抽查出厂试验报告及原始记录

随机抽查核实两份出厂试验报告，试验报告记录完整、正确，存档管理。

6.5.2 抽样检测

原则上现场应对与被核实产品相同或相近型式的产品进行抽样检验。样品应在供应商声明的合格产品中抽取，抽样检验项目一般在出厂试验项目中选取。抽样检验重点核实供应商试验方法、试验场地环境、人员操作能力、仪器设备有效性和产品性能等方面。

合格品库中抽取试验样品，试验结果满足相关标准并一次性通过。

抽样检测项目应符合附录 B。

7 原材料/组部件管理

7.1 ※管理规章制度

查阅原材料/组部件管理规章制度。

管理规章制度相关要求包括：

a) 具有进厂检测制度及其他原材料/组部件管理制度。

b) 对于直接影响产品质量的重要组部件（如铝锭、铝杆、钢芯等）具有相应的质量控制措施（如入厂检测、原材料验收制度等）。原材料管理具有可追溯性。进厂检测报告具有结论及相关支撑性数据。

7.2 ※管理控制情况

查看原材料/组部件管理实际执行情况。

管理控制情况相关要求包括：

a) 设计采用的原材料/组部件不能有国家明令禁止的。

b) 按工艺文件所规定的技术要求和相应管理文件，根据生产计划采购。

c) 按规定进行验收，合格后入库。

d) 分类独立存放，物资仓库有足够的存储空间和适宜的环境，实行定置管理，标识清晰、正确、规范。

e) 原材料/组部件使用记录内容规范、详实，具有可追溯性。

8 数智制造

应用互联网和物联网技术，打造"透明工厂"，生产制造、试验检验、原材料/组部件管理等信息对买方公开，接入国家电网电工装备智慧物联平台。

加强数字基础设施建设，推动数字技术与先进制造技术融合发展。供应商相关业务数据、原材料/组部件检验数据、生产过程检验数据、出厂试验数据、成品信息数据和视频数据等支持自动采集或系统推送。数据接口需保障数据完整性、正确性、安全性，具有可扩展性、通信实时性等。

具有工艺控制数据及检测数据接入条件，生产工艺流程中从铝、铝合金线生产开始直至导、地线生产完毕过程中关键工艺主要包括铝、铝合金线生产、时效生产、绞线生产数据4项。

具有出厂试验数据接入条件，从成品结构参数试验直至成品入库过程中关键试验流程包括成品结构参数试验、铝、铝合金单线试验、镀锌钢线试验、铝包钢线试验数据5项。

具有视频接入条件，设备视频数据采集应包括铝、铝合金线生产、时效生产、绞线生产4个区域。

9 绿色发展

查看供应商资源能源消耗情况、战略体系、绿色认证及其他支撑材料，包括：

a) 相关油、水、气、煤及电力、热力等能源消耗，建立能源利用统计报表制度，分析生产经营环节能源利用情况。

b) 相关绿色工厂认证、绿色产品标识、绿色供应链管理等相关资质文件。

c) 将绿色发展理念融入战略体系中，并形成明确的绿色发展目标，制定详实且具有操作性的实施路径。

d) 建立、实施并保持支撑企业绿色低碳发展的绿色管理体系情况，包括但不限于能源管理体系、碳排放管理体系、能源计量管理体系等。

e) 使用无害原材料，禁止使用国家明令禁止的淘汰设备、工艺技术等，并应用国家鼓励的节能设备与先进工艺技术情况。

f) 建立完善的绿色采购管理制度，推广绿色包装材料应用，并建立系统的循环利用体系，实施绿色制造情况。

g) 生产环节的大气污染物排放、水体污染物排放、固体废弃物排放、噪声排放等基础排放符合相关国家标准及地方标准要求情况。

10 售后服务及产能

查阅管理文件、组织机构设置、人员档案以及售后服务记录等相关信息。

通过现场实际情况产能计算应符合附录 C，根据产品生产的瓶颈进行判断。

本文件中所有核实内容都将对供应商参与招投标活动有重要影响，其中标记"※"的内容是以往招标必备项的要求，也是重点核实内容，其他未标记"※"的为一般核实内容。

附 录 A
型 式 试 验 报 告 项 目

A.1 导线（钢芯铝绞线、铝包钢芯铝绞线、铝绞线）型式试验项目

导线（钢芯铝绞线、铝包钢芯铝绞线、铝绞线）型式试验项目包括：

a) 单线性能。

b) 绞线额定拉断力。

c) 弹性模量。

d) 直流电阻。

e) 节径比。

f) 单位长度质量。

g) 应力—应变曲线。

h) 线膨胀系数。

i) 载流量。

j) 蠕变曲线。

k) 疲劳性能。

A.2 地线（镀锌钢绞线、铝包钢绞线）型式试验项目

地线（镀锌钢绞线、铝包钢绞线）型式试验项目包括：

a) 单线性能。

b) 绞线额定抗拉力。

c) 弹性模量。

d) 节径比。

e) 单位长度质量。

f) 应力—应变曲线。

g) 线膨胀系数。

h) 绞线直流电阻（适用于铝包钢绞线）。

附 录 B
抽 样 试 验 报 告 项 目

20kV 及以下导、地线产品的抽样试验报告应符合表 B.1 项目要求。

表 B.1 抽 样 试 验 报 告 项 目

序号	产品类型	试验项目
1	钢芯铝绞线、铝包钢芯铝绞线、铝绞线	1）外观及表面质量； 2）结构尺寸［铝线根数、铝线直径、镀锌钢（铝包钢）线根数、镀锌钢（铝包钢）线直径、绞线外径］； 3）节径比和绞向； 4）单位长度质量； 5）铝线（绞后）的 20℃时直流电阻率、抗拉强度、卷绕、接头抗拉强度（冷压焊）； 6）钢（铝包钢）线（绞后）的抗拉强度、1%伸长应力、伸长率（标距250mm）、扭转（$L=100d$）、镀锌层质量、铝层厚度、卷绕、20℃时直流电阻率（仅对铝包钢线）
2	铝包钢绞线	1）外观及表面质量； 2）结构尺寸（单丝根数、单丝直径、绞线外径）； 3）节径比和绞向； 4）单位长度质量； 5）铝包钢线（绞后）的抗拉强度、1%伸长应力、伸长率、扭转试验、最小（平均）铝层厚度、20℃直流电阻率
3	镀锌钢绞线	1）外观及表面质量； 2）结构尺寸（单丝根数、单丝直径、绞线外径）； 3）节径比和绞向； 4）单位长度质量； 5）镀锌钢线（绞后）的抗拉强度、伸长率（标距250mm）、扭转（$L=100d$）、缠绕、镀锌层质量

附 录 C
产 能 计 算

钢芯铝绞线、铝包钢芯铝绞线、铝绞线产品产能应按表 C.1 计算。

表 C.1 钢芯铝绞线、铝包钢芯铝绞线、铝绞线产能计算

年产能（万 t）	生产设备		
	连铸连轧（台）	拉丝机（台）	框绞机（台）
0.78	1 或外购	1	1
1.56	1 或外购	2	3
2.4	1 或外购	3	4
3.6	1 或外购	4	6
4.8	1 或外购	5	7
6	1 或外购	7	9

铝包钢绞线产品产能应按表 C.2 计算。

表 C.2 铝包钢绞线产能计算

年产能（万 t）	生产设备		
	挤压包覆机（台）	双金属拉丝机（台）	管绞或笼绞机（台）
0.42	1	2	1
0.84	2	4	2
1.26	3	6	3
1.68	4	8	4
2.16	5	10	5

镀锌钢绞线产品产能应按表 C.3 计算。

表 C.3 镀锌钢绞线产能计算

年产能（万 t）	生产设备			
	拉丝机		镀锌机组（条/头）	管绞机（台）
	（水拉，台）	（干拉，台）		
1.2	3	1	1	2
2.4	6	2	2	4
3.6	9	3	3	6
4.8	12	4	4	8
6	15	5	5	10

10kV 及以下架空绝缘导线、集束绝缘导线供应商资质能力信息核实规范

目　次

10kV 及以下架空绝缘导线、集束绝缘导线供应商资质能力信息核实规范

1 范围

本文件规定了国家电网有限公司对 10kV 及以下架空绝缘导线、集束绝缘导线产品供应商的资质条件以及制造能力信息进行核实的依据。

本文件适用于国家电网有限公司 10kV 及以下架空绝缘导线、集束绝缘导线产品供应商的信息核实工作。包括：

a) 10kV 集束绝缘导线；

b) 1kV 及以下集束绝缘导线；

c) 10（20）kV 架空绝缘导线；

d) 1kV 及以下架空绝缘导线。

2 规范性引用文件

下列文件中的内容通过文中的规范性引用而构成本文件必不可少的条款。其中，注日期的引用文件，仅该日期对应的版本适用于本文件；不注日期的引用文件，其最新版本（包括所有的修改单）适用于本文件。

GB/T 12527—2008　额定电压 1kV 及以下架空绝缘电缆

GB/T 14049—2008　额定电压 10kV 架空绝缘电缆

DL/T 5253—2010　架空平行集束绝缘导线低压配电线路设计与施工规程

Q/GDW 10176—2017　架空平行集束绝缘导线低压配电线路设计规程

Q/GDW 13237.1—2018　10kV 架空绝缘电缆采购标准　第 1 部分：通用技术规范

Q/GDW 13237.2—2018　10kV 架空绝缘电缆采购标准　第 2 部分：专用技术规范

3 资质信息

3.1 企业信息

3.1.1 ※基本信息

查阅营业执照。

供应商为中华人民共和国境内依法注册的法人或其他组织。

3.1.2 法定代表人/负责人信息

查阅法定代表人/负责人身份证（或护照）。

3.1.3 财务信息

查阅审计报告、财务报表，其中审计报告为具有资质的第三方机构出具。

3.1.4 资信等级证明

查阅银行或专业评估机构出具的证明。

3.1.5 注册资本和股本结构

查阅验资报告。

3.2 报告证书

3.2.1 ※检测报告

查阅检测报告、送样样品生产过程记录以及其他支撑资料。

a) 检测报告出具机构为国家授权的专业检测机构［具有计量认证合格证书（CMA）及中国合格评定国家认可委员会颁发的 CNAS 实验室认可证书，且证书附表检测范围涵盖被核实产品的试验项目］或国际专业权威机构。

b) 检测报告的委托方和产品制造方为供应商自身。

c) 检测报告的试验产品类型与被核实的产品类型相一致。

d) 产品的检测报告符合相应的国家标准、行业标准、国家电网有限公司物资采购标准的规定，检测报告项目应符合附录 A。

e) 当产品在设计、材料或制造工艺改变或产品转厂生产或异地生产时，重新进行相应的型式试验。

f) 国家标准、行业标准、国家电网有限公司物资采购标准规定的检测报告有效期有差异的，以有效期短的为准；国家标准、行业标准、国家电网有限公司物资采购标准均未明确检测报告有效期的，检测报告有效期按长期有效认定。

g) 外文报告提供经公证的中文译本。

3.2.2 ※管理体系认证

查阅管理体系认证证书。具有质量管理体系证书，证书在有效期内，有定期年检记录且认证范围涵盖被核实产品。

3.2.3 ※生产许可证

查阅生产许可证。

a) 生产许可证为国家市场监督管理总局认可机构颁发的有效资质证件，且在有效期内。

b) 被核实产品不超出生产许可证的许可范围。

3.2.4 产品鉴定证书

查阅产品鉴定证书。

3.3 产品业绩

查阅供货合同及相对应的合同销售发票。

a) 合同的供货方和实际产品的生产方均为供应商自身。

b) 出口业绩提供报关单、产品发票、产品型号、所用工程名称、电压等级、合同中文版本或经公证后的中文译本等相应证明文件。出口业绩电压等级往下认可最接近的电压等级。

  c) 不予统计的业绩有（不限于此）：

    1) 供应商与同类产品制造厂之间的业绩。

    2) 产品在试验室或试验站的业绩。

    3) 出口业绩的外贸合同、发票、报关单及对应产品型号等信息资料难以核实或不全的。

    4) 供应商与代理商、经销商之间的供货业绩（出口业绩除外）。

4 设计研发能力

4.1 技术来源与支持

查阅与合作支持方的协议以及设计文件图纸等相关信息。

4.2 设计研发内容

查阅产品研发的设计、试验、关键工艺技术、质量控制方面的情况。

4.3 设计研发人员

查阅设计研发部门的机构设置及人员信息。

4.4 获得专利情况

查阅与被核实产品相关的专利证书。

4.5 参与标准制（修）订情况

查阅主持或参与制（修）订并已发布的与架空绝缘导线、集束绝缘导线相关的标准及相关证明材料信息。

4.6 产品获奖情况

查阅与产品相关的省部级及以上获奖证书的相关信息。

4.7 商业信誉

查阅企业相关国家、行业或第三方发布的综合实力、品牌等排名。

5 生产制造能力

5.1 ※生产厂房

查阅不动产权证书、土地使用权证、房屋产权证、厂房设计图纸、房屋租赁合同、用电客户编号等相关信息。

5.2 ※生产工艺

5.2.1 工艺控制文件

查阅工艺控制文件、管理体系文件等相关信息。

各工序的作业指导书、工艺控制文件齐全、统一、规范。其工艺文件中所规定的关键技术要求和技术参数不低于国家标准、电力行业标准、国家电网有限公司物资采购标准。各工艺环节中无国家明令禁止的行为。

不同类型绝缘导线产品具有与之相应的生产工序应符合表1。

表 1　不同类型绝缘导线的生产工序

序号	产品类型	主要工序（包含但不限于）
1	架空绝缘导线、集束绝缘导线	拉丝工序（芯线外购可无此工序）、绞线工序、绝缘挤塑、交联工序（如有）、成缆（如有）、抽样试验、例行试验、包装储运

5.2.2　※关键生产工艺控制

查阅工艺流程控制记录等相关信息。

产品工艺技术成熟、稳定。从原材料/组部件到产品入库所规定的每道工序的工艺技术能保证产品生产的需要。生产产品的各个工序按工艺文件执行，现场记录内容规范、详实，具有可追溯性。现场定置管理，有明显的标识牌，主要的生产设备的操作规程图表上墙。如现场无所核实产品生产，但具有相近类型产品生产，可通过查阅该种产品以往生产、检测等过程记录文件以确认供应商生产工艺控制执行情况。

5.3　※生产设备

查阅设备的现场实际情况及购买发票等相关信息。

a）　具有与产品生产相适应的设备，主要生产设备应符合附录 B。设备自有，不能租用。

b）　设备使用正常，设备上的计量仪器仪表具有合格的检定或校准证书，并在有效期内。建立设备管理档案（包括使用说明、保养维护记录等），其维修保养等记录规范、详实，具有可追溯性。计量仪器、设备具有相应资格单位出具的有效检定证书。

5.4　生产、技术、质量管理人员

查阅人力资源部门管理文件（如劳动合同、人员花名册、社保缴纳记录等），包括生产、技术、质量管理等人员数量，结合现场实际情况，观察现场人员的操作水平。

a）　具有满足生产需要专职工作人员，且不得借用其他公司的。一线生产人员培训上岗，操作熟练。

b）　具有质量管理组织机构、质量管理部门及人员。

6　试验检测能力

6.1　※试验场所

查看试验场所现场情况。具有与核实产品相配套的独立试验场所，与生产场所相对隔离，有明显警示标志，试验场所的面积及环境满足试验要求。

6.2　试验检测管理

查阅相关的规章制度文件、原始记录以及出厂试验报告等相关信息。具有试验检测管理制度、操作规程、试验标准以及完整的试验原始记录，现场定置管理，有明显标识，并在操作过程中严格按照规程执行。

6.3　※试验检测设备

查阅设备的现场实际情况及购买发票、检定证书等相关信息。

a) 具有外购外协件检测设备及出厂试验必备的试验检测设备，具备完成全部出厂试验的能力。不能租用、借用其他公司的设备或委托其他单位进行出厂试验。主要试验检测设备应符合附录C。

b) 设备使用正常，设备上的计量仪器仪表具有合格的检定或校准证书，并在有效期内。

c) 对计量器具检定/校准结果进行确认，保证检定/校准结果符合相关标准的要求。

6.4 ※试验检测人员

查阅人力资源部门管理文件（如劳动合同、人员花名册、社保缴纳记录等）、人员资质证书、培训记录以及现场试验能力。

试验人员通过考核培训，并取得试验员资质证书，持证上岗。试验人员能独立完成试验，操作熟练，掌握相关国家标准、行业标准的有关规定，并具有一定的试验结果分析能力。高电压试验人员至少有两人，经过考核培训持证上岗。

6.5 ※现场抽样

6.5.1 ※抽查出厂试验报告及原始记录

随机抽查核实两份出厂试验报告，试验报告记录完整、正确，存档管理。

6.5.2 ※抽样检测

原则上现场应对与被核实产品相同或相近型式的产品进行抽样检验。样品应在供应商声明的合格产品中抽取，抽样检验项目一般在出厂试验项目中选取。抽样检验重点核实供应商试验方法、试验场地环境、人员操作能力、仪器设备有效性和产品性能等方面。

抽样检测应符合以下要求：

a) 在已具备出厂条件的产品中抽取1种，选取出厂试验项目中的两个项目，依据现行国家标准、行业标准进行试验。核实试验方法、试验场地环境、人员操作能力、仪器设备有效性和产品性能。

b) 抽样检测项目应符合附录D。

c) 现场具备检测条件，抽样试验应一次性通过。

7 原材料/组部件管理

7.1 管理规章制度

查阅原材料/组部件管理规章制度。

a) 具有进厂检测制度及其他原材料/组部件管理制度。

b) 对于直接影响产品质量的重要组部件（如铝锭、铝杆、钢芯、绝缘料等）具有相应的质量控制措施（如入厂检测、原材料验收制度等）。原材料管理具有可追溯性。进厂检测报告具有结论及相关支撑性数据。

7.2 管理控制情况

查看原材料/组部件管理实际执行情况。

a) 设计采用的原材料/组部件不能有国家明令禁止的。

b) 按工艺文件所规定的技术要求和相应管理文件，根据生产计划采购。

c) 按规定进行验收，合格后入库。

d) 分类独立存放，物资仓库有足够的存储空间和适宜的环境，实行定置管理，标识清晰、正确、规范。

e) 原材料/组部件使用记录内容规范、详实，具有可追溯性。

8 数智制造

应用互联网和物联网技术，打造"透明工厂"，生产制造、试验检验、原材料/组部件管理等信息对买方公开，接入国家电网电工装备智慧物联平台。

加强数字基础设施建设，推动数字技术与先进制造技术融合发展。供应商相关业务数据、原材料/组部件检验数据、生产过程检验数据、出厂试验数据、成品信息数据和视频数据等支持自动采集或系统推送。数据接口需保障数据完整性、正确性、安全性，具有可扩展性、通信实时性等。

9 绿色发展

查看供应商资源能源消耗情况、战略体系、绿色认证及其他支撑材料，包括：

a) 相关油、水、气、煤及电力、热力等能源消耗，建立能源利用统计报表制度，分析生产经营环节能源利用情况。

b) 相关绿色工厂认证、绿色产品标识、绿色供应链管理等相关资质文件。

c) 将绿色发展理念融入战略体系中，并形成明确的绿色发展目标，制定详实且具有操作性的实施路径。

d) 建立、实施并保持支撑企业绿色低碳发展的绿色管理体系情况，包括但不限于能源管理体系、碳排放管理体系、能源计量管理体系等。

e) 使用无害原材料，禁止使用国家明令禁止的淘汰设备、工艺技术等，并应用国家鼓励的节能设备与先进工艺技术情况。

f) 建立完善的绿色采购管理制度，推广绿色包装材料应用，并建立系统的循环利用体系，实施绿色制造情况。

g) 生产环节的大气污染物排放、水体污染物排放、固体废弃物排放、噪声排放等基础排放符合相关国家标准及地方标准要求情况。

10 售后服务及产能

a) 查阅管理文件、组织机构设置、人员档案以及售后服务记录等相关信息。

b) 产能情况通过现场实际情况及供应商提供的产能计算报告，根据产品生产的瓶颈进行判断。

本文件中所有核实内容都将对供应商参与招投标活动有重要影响，其中标记"※"的内容是以往招标必备项的要求，也是重点核实内容，其他未标记"※"的为一般核实内容。

附 录 A
检 测 项 目

1kV 架空绝缘导线、集束绝缘导线检测项目应符合表 A.1。

表 A.1　1kV 架空绝缘导线、集束绝缘导线检测项目

序号	试验项目	聚氯乙烯绝缘	聚乙烯绝缘	交联聚乙烯绝缘
1	结构尺寸（含导体、绝缘厚度、电缆外径）	※	※	※
2	电缆拉断力	※	※	※
3	导体电阻	※	※	※
4	电压试验	※	※	※
5	绝缘电阻	※	※	※
6	空气烘箱老化试验	※	※	※
7	人工气候老化试验	※	—	—
8	热失重	※	—	—
9	抗开裂	※	—	—
10	高温压力	※	—	—
11	低温卷绕（外径 12.5mm 及以下）	※	—	—
12	低温拉伸（外径 12.5mm 以上）	※	—	—
13	低温冲击	※	—	—
14	吸水试验（电压法）	※	—	—
15	吸水试验（重量法）	—	※	※
16	收缩试验	—	※	※
17	热延伸试验	—	—	※
18	燃烧性能	※	—	—
19	耐磨试验	※	※	—
20	印刷标志耐磨性能	※	※	※

10kV 架空绝缘导线、集束绝缘导线检测项目应符合表 A.2。

表 A.2　10kV 架空绝缘导线、集束绝缘导线检测项目

序号	试验项目	有绝缘屏蔽	无绝缘屏蔽
1	局部放电试验	※	—
2	弯曲试验及随后的局部放电试验	※	—
3	$\tan\delta$ 与电压关系试验	※	—

表 A.2（续）

序号	试验项目	有绝缘屏蔽	无绝缘屏蔽
4	tanδ 与温度关系试验	※	—
5	热循环后局部放电试验	※	—
6	弯曲试验	※	※
7	冲击电压及交流电压试验	※	※
8	4h 交流电压试验	※	※
9	绝缘耐漏电痕试验	—	※
10	绝缘机械物理性能试验	※	※
11	绝缘黏附力（滑脱）试验	※	※
12	交联聚乙烯绝缘热延伸试验	※	※
13	绝缘耐候试验	—	※
14	半导电层剥离试验	※	—
15	导体直流电阻	※	※
16	导体承载绞线拉力试验	※	※
17	印刷标志耐擦试验	※	※
18	结构尺寸检查	※	※
19	热延伸试验	※	※

附 录 B
主 要 生 产 设 备

主要生产设备应符合表 B.1。

表 B.1 主 要 生 产 设 备

产品类型	主要生产设备
架空绝缘导线、集束绝缘导线	※绞线机、※挤塑机、※交联设备

附 录 C
主 要 试 验 检 测 设 备

主要试验检测设备包括:

a) ※拉力试验机。

b) ※直流电阻测试仪。

c) ※读数显微镜/投影仪。

d) ※绝缘电阻测试仪。

e) ※测厚仪。

f) ※耐压设备。

g) ※老化箱。

h) ※热延伸测试仪。

i) 千分尺。

j) 游标卡尺。

k) 天平。

l) 温度计。

附 录 D
抽 样 试 验 项 目

抽样试验项目包括：

a) 导体直流电阻试验。

b) 绝缘电阻试验（仅对无绝缘屏蔽）。

c) 结构和尺寸检查。

d) 4h 交流电压试验（仅对 10kV 架空绝缘导线）。

e) 绝缘机械物理性能（老化前抗拉强度、断裂伸长率）。

f) 热延伸（交联型产品）。

g) 收缩试验（仅对 1kV 架空绝缘导线）。

30kV 及以下电缆供应商资质能力信息核实规范

目　　次

30kV 及以下电缆供应商资质能力信息核实规范

1 范围

本文件规定了国家电网有限公司对 30kV 及以下电缆产品供应商的资质条件以及制造能力信息进行核实的依据。

本文件适用于国家电网有限公司 30kV 及以下电缆产品供应商的信息核实工作。包括：

a) 0.6/1（1.2）kV～18/30（36）kV 电压等级电力电缆；

b) 低压电力电缆；

c) 复合低压电力电缆；

d) 控制电缆。

2 规范性引用文件

下列文件中的内容通过文中的规范性引用而构成本文件必不可少的条款。其中，注日期的引用文件，仅该日期对应的版本适用于本文件；不注日期的引用文件，其最新版本（包括所有的修改单）适用于本文件。

GB/T 5023—2008 额定电压 450/750V 及以下聚氯乙烯绝缘电缆

GB/T 9330—2020 塑料绝缘控制电缆

GB/T 12706.1—2020 额定电压 1kV（U_m＝1.2kV）到 35kV（U_m＝40.5kV）挤包绝缘电力电缆及附件 第 1 部分：额定电压 1kV（U_m＝1.2kV）和 3kV（U_m＝3.6kV）电缆

GB/T 12706.2—2020 额定电压 1kV（U_m＝1.2kV）到 35kV（U_m＝40.5kV）挤包绝缘电力电缆及附件 第 2 部分：额定电压 6kV（U_m＝7.2kV）到 30kV（U_m＝36kV）电缆

GB/T 29839—2013 额定电压 1kV（U_m＝1.2kV）及以下光纤复合低压电缆

Q/GDW 13238.1—2018 10kV 电力电缆采购标准 第 1 部分：通用技术规范

Q/GDW 13238.2—2018 10kV 电力电缆采购标准 第 2 部分：10kV 单芯电力电缆–专用技术规范

Q/GDW 13238.3—2018 10kV 电力电缆采购标准 第 3 部分：10kV 三芯电力电缆–专用技术规范

Q/GDW 13244.1—2018 0.6/1kV 挤包绝缘电力电缆采购标准 第 1 部分：通用技术规范

Q/GDW 13244.2—2018 0.6/1kV 挤包绝缘电力电缆采购标准 第 2 部分：专用技术规范

Q/GDW 13245.1—2018 450/750V 塑料绝缘控制电缆采购标准 第 1 部分：通用技

术规范

Q/GDW 13245.2—2018 450/750V 塑料绝缘控制电缆采购标准 第 2 部分：专用技术规范

3 资质信息

3.1 企业信息

3.1.1 ※基本信息

查阅营业执照。

供应商为中华人民共和国境内依法注册的法人或其他组织。

3.1.2 法定代表人/负责人信息

查阅法定代表人/负责人身份证（或护照）。

3.1.3 财务信息

查阅审计报告、财务报表，其中审计报告为具有资质的第三方机构出具。

3.1.4 资信等级证明

查阅银行或专业评估机构出具的证明。

3.1.5 注册资本和股本结构

查阅验资报告。

3.2 报告证书

3.2.1 ※检测报告

查阅检测报告、送样样品生产过程记录以及其他支撑资料。

a） 检测报告出具机构为国家授权的专业检测机构［具有计量认证合格证书（CMA）及中国合格评定国家认可委员会颁发的 CNAS 实验室认可证书，且证书附表检测范围涵盖被核实产品的试验项目］或者国际专业权威机构。

b） 检测报告的委托方和产品制造方为供应商自身。

c） 检测报告产品型号与被核实的产品相对应，不同类别产品的检测报告不可相互替代。

d） 检测报告符合相应的国家标准、行业标准、国家电网有限公司企业标准和物资采购标准规定的试验项目和试验数值的要求，检测报告项目应符合附录 A。

e） 当电缆绝缘的原材料、制造工艺、设计以及结构发生变化可能改变其特性时，重新进行完整的型式试验。

f） 国家标准、行业标准规定的检测报告有效期有差异的，以有效期短的为准；国家标准、行业标准均未明确检测报告有效期的，检测报告有效期按长期有效认定。

g） 外文报告提供经公证的中文译本。

3.2.2 ※生产许可证

查阅生产许可证。

a） 生产许可证为国家市场监督管理总局认可机构颁发的有效资质证件，且在有效期内。

b） 被核实产品不超出生产许可证的许可范围。

3.2.3 ※管理体系认证

查阅管理体系认证证书。具有质量管理体系证书，证书在有效期内，有定期年检记录且认证范围涵盖被核实产品。

3.2.4 产品认证证书（仅额定电压 450/750V 及以下聚氯乙烯绝缘电缆）

查阅产品认证证书。

具有产品 3C 认证证书，认证范围涵盖相关产品且在有效期内。

3.3 产品业绩

查阅供货合同及相对应的合同销售发票。

a） 合同的供货方和实际产品的生产方均为供应商白身。

b） 不同类别产品业绩不可相互替代。

c） 出口业绩提供报关单，出口业绩的报关单、合同提供中文版本或经公证后的中文译本。业绩电压等级往下认可最接近的电压等级。

d） 不予统计的业绩有（不限于此）：

1） 供应商与同类产品制造厂之间的业绩。

2） 供应商销售元器件、组部件的业绩。

3） 供应商与代理商、经销商之间的供货业绩（出口业绩除外）。

4） 出口业绩的外贸合同、发票、报关单及对应产品型号等信息资料难以核实或不全的。

4 设计研发能力

4.1 技术来源与支持

查阅与合作支持方的协议以及设计文件图纸等相关信息。

4.2 设计研发内容

查阅产品研发的设计、试验、关键工艺技术、质量控制方面的情况。

4.3 设计研发人员

查阅设计研发部门的机构设置及人员信息。

4.4 获得专利情况

查阅与产品相关的专利证书。

4.5 参与标准制（修）订情况

查阅主持或参与制（修）订并已发布的标准及相关证明材料信息（与电缆相关的标准）。

4.6 产品获奖情况

查阅与产品相关的省部级及以上获奖证书的相关信息。

4.7 商业信誉

查阅企业相关国家、行业或第三方发布的综合实力、品牌等排名。

5 生产制造能力

5.1 ※生产厂房

查阅不动产权证书、土地使用权证、房屋产权证、厂房设计图纸、房屋租赁合同、用电客户编号等相关信息。

具有与产品生产相配套的独立封闭的厂房，不能借用或临时租用其他公司的厂房，如长期租用则提供租赁合同等相关证明文件。厂房面积、生产环境和工艺布局能满足被核实产品的生产要求，并有措施可以保障人员及产品或组部件的进出能够满足被核实产品的生产要求。

5.2 生产工艺

5.2.1 工艺控制文件

查阅工艺控制文件、管理体系文件等相关信息。

各工序的作业指导书、工艺控制文件齐全、统一、规范，包括导体绞制、绝缘线芯挤出、外护套挤出、成缆、屏蔽等工艺坏节，其工艺文件中所规定的关键技术要求和技术参数不低于国家标准、电力行业标准、国家电网有限公司企业标准和物资采购标准。各工艺环节中无国家明令禁止的行为。

5.2.2 关键生产工艺控制

查阅工艺流程控制记录等相关信息。

产品工艺技术成熟、稳定。从原材料/组部件到产品入库所规定的每道工序的工艺技术能保证产品生产的需要。生产产品的各个工序按工艺文件执行，现场记录内容规范、详实，具有可追溯性，现场定置管理，有明显的标识。

5.3 ※生产设备

查阅设备的现场实际情况及购买发票等相关信息。

a) 具有与产品生产相适应的设备，不能整体租用或借用，主要生产设备应符合附录 B。

b) 设备使用正常，设备上的计量仪器、仪表具有合格的检定或校准证书，并在有效期内。

5.4 生产、技术、质量管理人员

查阅人力资源部门管理文件（如劳动合同、人员花名册、社保缴纳记录等），包括生产、技术、质量管理等人员数量，结合现场实际情况，观察现场人员的操作水平。

a) 具有生产需要专职工作人员，且不得借用其他公司的。一线生产人员培训上岗，操作熟练。

b) 具有质量管理组织机构、质量管理部门及人员。

6 试验检测能力

6.1 ※试验场所

查看试验场所现场情况。

具有与核实产品相配套的独立试验场所，与生产场所相对隔离，有明显警示标志，

试验场所的面积及环境满足试验要求。

检测项目应符合附录 A。

6.2 试验检测管理

查阅相关的规章制度文件、过程记录以及试验报告等相关信息。

具有试验室管理制度、操作规程、试验标准，现场定置管理，有明显的标志，并在操作过程中严格按照规程执行。

6.3 ※试验检测设备

查阅设备的现场实际情况及购买发票等相关信息。

a) 设备齐全，满足进行国家标准、电力行业标准、国家电网有限公司企业标准和物资采购标准所规定的试验检测要求，不能委托其他单位进行，主要试验检测设备应符合附录 C。

b) 设备使用正常，具有计量检定机构出具的合格检定或校准报告，并在有效期内。

c) 主要试验检测设备包括完成例行试验和抽样试验的设备。

6.4 ※试验检测人员

查阅人力资源部门管理文件（如劳动合同、人员花名册、社保缴纳记录等）、人员资质证书以及培训记录。

具有相应数量的试验人员，试验人员能独立完成试验，操作熟练，能理解或掌握相关国家标准、电力行业标准、国家电网有限公司企业标准和物资采购标准的有关规定，并具有一定的试验结果分析能力。高电压试验人员至少有两人，经过考核培训持证上岗。

6.5 现场抽样

6.5.1 抽查检测报告

检测报告记录完整、正确，存档管理规范，具有可追溯性。原始试验记录保存纸质文件，并有试验人员的签字。

6.5.2 ※抽样检测

原则上现场应对与被核实产品相同或相近型式的产品进行抽样检验。样品应在供应商声明的合格产品中抽取，抽样检验项目一般在出厂试验项目中选取。抽样检验重点核实供应商试验方法、试验场地环境、人员操作能力、仪器设备有效性和产品性能等方面。

任选抽样试验项目中不少于两项试验项目进行现场试验，抽样产品为具有出厂条件的产品且产品数量满足现场抽样检测要求，试验结果满足相关标准。现场抽样试验项目应符合附录 A。

现场具备检测条件，抽样试验应一次通过。

7 原材料/组部件管理

7.1 管理规章制度

查阅原材料/组部件管理规章制度。

a) 具有原材料/组部件管理制度及入厂检验规程。

b) 具有主要原材料/组部件供应商管理制度，外购原材料/组部件供应商通过质量管理体系认证。

c) 具有原材料/组部件仓储管理制度，具有可追溯的原材料/组部件使用记录，记录规范完整。

7.2 ※管理控制情况

查阅原材料/组部件管理规程、设计图纸、采购合同（含发票）等相关信息。

a) 查阅主要原材料/组部件供应商出具的检测报告，包括导体、屏蔽料、绝缘料、护套材料等。

b) 查阅主要原材料/组部件的入厂检验报告，原材料/组部件按照入厂检验规程严格执行，记录明确。入厂检验规程所规定的检验项目、检验方法和检测结果均满足国家标准、行业标准或国家电网有限公司企业标准要求。对于无标准要求的原材料/组部件的入厂检验，参照相关标准要求对原材料/组部件的主要质量特性进行检验。

c) 原材料/组部件供应商变更时，具有相应的报告，并在相关工艺文件中说明，保存相应的检验记录。

d) 原材料/组部件具有相对独立的存放区域和适宜的环境，定置管理，标识清晰、正确、规范、合理。

e) 设计所采用的原材料/组部件不能有国家明令禁止的。

8 数智制造

应用互联网和物联网技术，打造"透明工厂"，生产制造、试验检验、原材料/组部件管理等信息对买方公开，接入国家电网电工装备智慧物联平台。

加强数字基础设施建设，推动数字技术与先进制造技术融合发展。供应商相关业务数据、原材料/组部件检验数据、生产过程检验数据、出厂试验数据、成品信息数据和视频数据等支持自动采集或系统推送。数据接口需保障数据完整性、正确性、安全性，具有可扩展性、通信实时性等。

具有原材料/组部件数据及检验数据接入条件，从原材料采购直至原材料检验入库过程中关键工艺主要包括金属杆、屏蔽料、绝缘料、护套料数据 4 项。

具有工艺控制数据及检测数据接入条件，生产工艺流程关键工艺主要包括拉丝、绞线、导体绞合、三层共挤、金属屏蔽、成缆、隔离套/内衬层、铠装、外护套挤出数据 9 项。

具有出厂试验数据接入条件，从导体直流电阻试验直至成品入库过程中关键试验流程包括导体直流电阻、电压试验、局部放电试验数据 3 项。

具有视频接入条件，设备视频数据采集应包括拉丝、绞线、成缆、三层共挤、金属屏蔽、铠装、护套、试验场所 8 个区域。

9 绿色发展

查看供应商资源能源消耗情况、战略体系、绿色认证及其他支撑材料，包括：

a) 相关油、水、气、煤及电力、热力等能源消耗，建立能源利用统计报表制度，分析生产经营环节能源利用情况。

b) 相关绿色工厂认证、绿色产品标识、绿色供应链管理等相关资质文件。

c) 将绿色发展理念融入战略体系中，并形成明确的绿色发展目标，制定详实且具有操作性的实施路径。

d) 建立、实施并保持支撑企业绿色低碳发展的绿色管理体系情况，包括但不限于能源管理体系、碳排放管理体系、能源计量管理体系等。

e) 使用无害原材料，禁止使用国家明令禁止的淘汰设备、工艺技术等，并应用国家鼓励的节能设备与先进工艺技术情况。

f) 建立完善的绿色采购管理制度，推广绿色包装材料应用，并建立系统的循环利用体系，实施绿色制造情况。

g) 生产环节的大气污染物排放、水体污染物排放、固体废弃物排放、噪声排放等基础排放符合相关国家标准及地方标准要求情况。

10 售后服务及产能

a) 查阅管理文件、组织机构设置、人员档案、售后服务记录以及附件安装所需工器具台账、售后回访单等相关信息。查阅以往的售后服务记录，记录完整规范，并具有可追溯性。

b) 产能情况通过现场实际情况及供应商提供的产能计算报告，根据产品生产的瓶颈进行判断，影响产能主要因素为生产线数量和试验检测设备数量。

本文件中所有核实内容都将对供应商参与招投标活动有重要影响，其中标记"※"的内容是以往招标必备项的要求，也是重点核实内容，其他未标记"※"的为一般核实内容。

附 录 A
检 测 报 告 项 目

1kV～3kV 电力电缆检测报告项目应符合表 A.1。

表 A.1 1kV～3kV 电力电缆检测报告项目

序号	型式试验 [a]	例行试验	抽样试验
1	环境温度下的绝缘电阻测量 [0.6/1（1.2）kV、1.8/3（3.6）kV 电压等级的 PVC－A 绝缘适用]	导体电阻测量	导体检查
2	正常运行时导体最高温度下绝缘电阻测量 [0.6/1（1.2）kV、1.8/3（3.6）kV、电压等级适用]	电压试验	尺寸检查 [绝缘和非金属护套厚度，铠装，外径]
3	冲击电压试验 [1.8/3（3.6）kV 电压等级适用]		EPR、HEPR 和 XLPE 绝缘及弹性体护套的热延伸试验
4	4h 电压试验（所有电压等级适用）		绕包搭盖率测量
5	导体检查和尺寸检查		绕包间隙率测量
6	导体直流电阻试验		
7	绝缘、护套空气烘箱老化后机械性能绝缘、护套老化前机械性能		
8	绝缘、护套成品电缆段老化后机械性能		绕包内衬层和（或）包带垫层总厚度的测量
9	PVC 绝缘、护套高温压力试验（凹痕）		
10	PVC 绝缘、护套低温性能试验		
11	PVC 绝缘、护套热冲击试验（开裂）		
12	EPR、HEPR 绝缘耐臭氧试验		
13	EPR、HEPR、XLPE 绝缘热延伸试验		
14	绝缘层吸水试验		
15	弹性体护套浸入热油后 [氯丁橡胶、氯磺化聚乙烯或类似聚合物护套电缆适用]		
16	空气烘箱失重（热失重）[XLPE 绝缘 PVC 护套电缆适用]		
17	热收缩 [XLPE 绝缘；PE 护套电缆适用]		

表 A.1（续）

序号	型式试验 a	例行试验	抽样试验
18	黑色聚乙烯护套碳黑含量 [PE 护套电缆适用]		
19	绝缘硬度 [HEPR 绝缘电缆适用]		
20	绝缘弹性模量 [HEPR 绝缘电缆适用]		
21	特殊弯曲试验 [0.6/1kV 有铠装无内护层电缆适用]		
22	单根阻燃试验（要求时） [阻燃类 Z、无卤阻燃类 WZ、弹性体护套、PVC 护套、PE 护套电缆适用]		
23	成束燃烧试验 [阻燃类 Z 电缆适用]		
24	烟密度试验 [无卤阻燃类 WZ 电缆适用]		
25	酸气含量（卤酸气体） [EPR/HEPR/XLPE 绝缘：无卤阻燃类 WZ 电缆适用]		
26	pH 值和导电率 [EPR/HEPR/XLPE 绝缘：无卤阻燃类 WZ 电缆适用]		
27	氟含量 [EPR/HEPR/XLPE 绝缘：无卤阻燃类 WZ 电缆适用]		
a 不同材料绝缘和护套电缆型式试验具体项目详见相关国家标准规定。			

6kV～30kV 电力电缆检测报告项目应符合表 A.2。

表 A.2   6kV～30kV 电力电缆检测报告项目

序号	型式试验 a	例行试验	抽样试验
1	环境温度下的绝缘电阻测量 [无屏蔽 3.6/6（7.2）kV 等电压等级的 PVC–A 绝缘适用]	导体电阻测量	导体检查
2	正常运行时导体最高温度下绝缘电阻测量 [无屏蔽 3.6/6（7.2）kV 等电压等级的 PVC/EPR/HEPR 绝缘适用]	电压试验	尺寸检查 [绝缘和非金属护套厚度，包括外护套、挤包隔离套和挤包内衬层，铠装，外径]
3	弯曲试验	局部放电试验 [适用于具有导体屏蔽和绝缘屏蔽的额定电压介于 3.6/6(7.2)kV～18/30(36)kV 之间的电力电缆]	EPR、HEPR 和 XLPE 绝缘及弹性体护套的热延伸试验

表 A.2（续）

序号	型式试验 a	例行试验	抽样试验
4	弯曲后的局部放电试验		电压试验［适用于额定电压高于 3.6/6（7.2）kV 电压等级电缆］
5	tanδ 测量（介质损耗）［EPR/HEPR/XLEP 绝缘：额定电压 6/10（12）kV 及以上电缆适用］	外护套直流耐压试验［当电缆外护套上有半导电结构时适用］	铅套厚度测量
6	热循环试验		
7	局部放电试验		
8	冲击电压试验		
9	工频电压试验		绕包搭盖率测量
10	4h 电压试验（所有电压等级适用）		
11	导体检查和尺寸检查		
12	导体直流电阻试验		
13	绝缘、护套老化前机械性能		
14	绝缘、护套空气烘箱老化后机械性能		
15	绝缘、护套成品电缆段老化后机械性能		
16	PVC 绝缘、护套高温压力试验（凹痕）		绕包内衬层和（或）包带垫层总厚度的测量
17	PVC 绝缘、护套热冲击试验（开裂）		
18	PVC 绝缘、护套低温性能试验		
19	EPR、HEPR 绝缘耐臭氧试验		
20	EPR、HEPR、XLPE 绝缘热延伸试验		
21	绝缘和无卤护套的吸水试验		绕包间隙率测量
22	弹性体护套浸入热油后［氯丁橡胶、氯磺化聚乙烯或类似聚合物护套电缆适用］		
23	空气烘箱失重（热失重）［XLPE 绝缘的 PVC 护套电缆适用］		
24	热稳定试验［PVC 绝缘电缆适用］		
25	热收缩［XLPE 绝缘电缆适用；PE 护套电缆适用］		

表 A.2（续）

序号	型式试验 [a]	例行试验	抽样试验
26	黑色聚乙烯护套碳黑含量 ［PE 护套电缆适用］		
27	绝缘硬度 ［HEPR 绝缘电缆适用］		
28	绝缘弹性模量 ［HEPR 绝缘电缆适用］		
29	绝缘屏蔽可剥离试验 ［制造方申明可剥离时适用］		
30	透水试验 ［制造方申明有纵向阻水屏障适用］		
31	单根阻燃试验（要求时） ［阻燃类 Z、无卤阻燃类 WZ、弹性体护套、PVC 护套、PE 护套电缆适用］		
32	成束燃烧试验 ［阻燃类 Z 电缆适用］		
33	烟密度试验 ［无卤阻燃类 WZ 电缆适用］		
34	酸气含量（卤酸气体） ［EPR/HEPR/XLPE 绝缘： 无卤阻燃类 WZ 电缆适用］		
35	pH 值和导电率 ［EPR/HEPR/XLPE 绝缘： 无卤阻燃类 WZ 电缆适用］		
36	氟含量 ［EPR/HEPR/XLPE 绝缘： 无卤阻燃类 WZ 电缆适用］		

[a] 不同材料绝缘和护套电缆型式试验具体项目详见相关国家标准规定。
注 1：未写［无屏蔽适用］则默认为有屏蔽层。
注 2：有半导电屏蔽层需按 3～10 的顺序进行试验，无半导电屏蔽层需按 1、2、10 的顺序进行试验。

额定电压 450/750V 及以下聚氯乙烯绝缘电缆检测报告项目应符合表 A.3。

表 A.3　额定电压 450/750V 及以下聚氯乙烯绝缘电缆检测报告项目

序号	型式试验	抽样试验
1	导体电阻	导体电阻
2	电压试验	电压试验

表 A.3（续）

序号	型式试验	抽样试验
3	绝缘电阻	结构尺寸检查［结构检查、绝缘厚度测量、护套厚度测量（如有）、外径测量］
4	屏蔽电缆转移阻抗（仅 RVVYP 及 RVVY 型电缆适用）	
5	结构尺寸检查［结构检查、绝缘厚度测量、护套厚度测量（如有）、外径测量等］	
6	绝缘机械性能（老化前后拉力试验、失重试验）	
7	护套机械性能（老化前后拉力试验、失重试验）（如有）	
8	高温压力试验	—
9	低温弹性和冲击强度	
10	热冲击试验	
11	不延燃试验（BV、BVV、RTPVR、RVVYP 及 RVVY 型电缆适用）	
12	非污染试验（BVV、RVVYP 及 RVVY 型电缆适用）	
13	成品电缆机械强度（RTPVR、TVVB、TVV、RVVYP 及 RVVY 型电缆适用）	
14	阻燃试验（TVVB、TVV 型电缆适用）	—
15	护套或外护套浸矿物油试验（RVVYP 及 RVVY 型电缆适用）	

复合低压电力电缆检测报告项目应符合表 A.4。

表 A.4 复合低压电力电缆检测报告项目

序号	型式试验	例行试验	抽样试验
1	电缆标志（制造厂名称、产品型号、额定电压及制造年份、耐擦试验）	导体电阻	结构尺寸及色谱识别检查（导体检查、绝缘和非金属护套厚度、铠装金属丝和金属带、OPLC 外径、绝缘线芯识别色谱、光纤识别色谱、松套管识别色谱）
2	电阻测量（试验项目同表 A.1 中的 1、2）	电压试验	—
3	4h 电压试验	光纤的衰减系数	
4	绝缘和护套的非电气性能（老化前/后拉力试验、热延伸试验）（表 A.1 中的 5～20、24～26 条）	—	—

表 A.4（续）

序号	型式试验	例行试验	抽样试验
5	机械性能（拉伸试验、压扁、冲击 [a]、U 形弯曲 [b]）	—	—
6	环境性能（衰减温度特性、耐热试验、有填充的光单元滴流性能、燃烧试验 [c]、表 A.1 中 21～23 条）		
7	OPLC 光学性能（光学尺寸参数、直径、光缆截止波长、单模光纤宏弯敏感特性）		

[a] 适用于单根导体截面积小于 16mm^2 的 OPLC。
[b] 适用于外径小于 25mm 的 OPLC。
[c] 适用于阻燃 OPLC。

控制电缆检测报告项目应符合表 A.5。

表 A.5　控制电缆检测报告项目

序号	型式试验	例行试验	抽样试验
1	结构尺寸检查（绝缘厚度、护套厚度、成缆绞合节距和绞合方向、屏蔽、内衬层、铠装、外径）	成品电压试验（适用于交联聚乙烯绝缘控制电缆）	结构尺寸检查（绝缘厚度、护套厚度、成缆、屏蔽、内衬层、铠装、外径）
2	导体电阻	绝缘线芯电压试验（适用于聚氯乙烯和护套控制电缆）	绝缘机械物理性能
3	绝缘线芯电压试验	交货长度	护套机械物理性能
4	成品电压试验		导体电阻
5	绝缘电阻		电压试验
6	绝缘及护套老化前后机械性能		绝缘电阻
7	绝缘及护套非污染试验		电缆的燃烧试验（阻燃试验）
8	绝缘及护套失重试验		
9	绝缘及护套高温压力试验		
10	绝缘及护套热冲击试验		
11	绝缘及护套吸水试验	—	
12	绝缘及护套收缩试验		
13	绝缘及护套低温试验		
14	绝缘热延伸试验		
15	黑色护套碳黑含量试验		
16	电缆的燃烧试验（单根电缆燃烧、成束燃烧、酸气含量、pH 值和电导率、氟含量、烟密度、耐火）		外观（印刷标志、表观）
17	外观（印刷标志、表观）		—

附 录 B
主 要 生 产 设 备

B.1 电力电缆

电力电缆主要生产设备包括：
a) ※导体绞制设备。
b) ※塑料挤出设备。
c) ※成缆设备。
d) ※交联悬链生产线或立式生产线（硫化管、旋转牵引设备）。
e) ※带材绕包设备。
f) ※成铠设备。
g) 单丝拉制设备。

B.2 额定电压 450/750V 及以下聚氯乙烯绝缘电缆

额定电压 450/750V 及以下聚氯乙烯绝缘电缆主要生产设备包括：
a) ※导体绞制设备。
b) ※塑料挤出设备。
c) ※成缆设备。
d) 带材绕包设备。
e) 成铠设备。
f) 单丝拉制设备。

B.3 复合低压电力电缆

复合低压电力电缆主要生产设备包括：
a) ※导体绞制设备。
b) ※塑料挤出设备。
c) ※成缆设备。
d) ※带材绕包设备。
e) 成铠设备。
f) 单丝拉制设备。

B.4 控制电缆

控制电缆主要生产设备包括：
a) ※导体绞制设备。
b) ※塑料挤出设备。

c) ※成缆设备。

d) 带材绕包设备。

e) 成铠设备。

f) 单丝拉制设备。

附 录 C
主 要 试 验 检 测 设 备

主要试验检测设备包括：

a)　※局部放电检测设备（适用于 6kV 及以上电力电缆）。

b)　※耐压试验检测设备。

c)　※直流电阻测试仪。

d)　※绝缘电阻测试仪。

e)　※老化箱（热延伸试验检测设备）。

f)　※电缆截面投影仪。

10kV 及以下电缆附件供应商资质能力信息核实规范

目　次

10kV 及以下电缆附件供应商资质能力信息核实规范

1 范围

本文件规定了国家电网有限公司对 10kV 及以下电缆附件产品供应商的资质条件以及制造能力信息进行核实的依据。

本文件适用于国家电网有限公司 10kV 及以下电缆附件产品供应商的信息核实工作，包括 10（含 20）kV 及以下电压等级电缆中间接头、电缆终端。

2 规范性引用文件

下列文件中的内容通过文中的规范性引用而构成本文件必不可少的条款。其中，注日期的引用文件，仅该日期对应的版本适用于本文件；不注日期的引用文件，其最新版本（包括所有的修改单）适用于本文件。

GB 311.1　绝缘配合　第 1 部分：定义、原则和规则

GB/T 3048　电线电缆电性能试验方法

GB/T 7354　局部放电测量

GB/T 12706.4　额定电压 1kV（$U_m = 1.2kV$）到 35kV（$U_m = 40.5kV$）挤包绝缘电力电缆及其附件　第 4 部分：额定电压 6kV（$U_m = 7.2kV$）到 35kV（$U_m = 40.5kV$）电缆附件试验要求

GB/T 14315　电力电缆导体用压接型铜、铝接线端子和连接管

GB/T 18889　额定电压 6kV（$U_m = 7.2kV$）到 35kV（$U_m = 40.5kV$）电力电缆附件试验方法

DL/T 413　额定电压 35kV（$U_m = 40.5kV$）及以下电力电缆热缩式附件技术条件

JB/T 6464　额定电压 1kV（$U_m = 1.2kV$）到 35kV（$U_m = 40.5kV$）挤包绝缘电力电缆绕包式直通接头

JB/T 10739　额定电压 6kV（$U_m = 7.2kV$）到 35kV（$U_m = 40.5kV$）挤包绝缘电力电缆　可分离连接器

JB/T 10740.1　额定电压 6kV（$U_m = 7.2kV$）到 35kV（$U_m = 40.5kV$）挤包绝缘电力电缆冷缩式附件　第 1 部分：终端

JB/T 10740.2　额定电压 6kV（$U_m = 7.2kV$）到 35kV（$U_m = 40.5kV$）挤包绝缘电力电缆冷缩式附件　第 2 部分：直通接头

Q/GDW 371　10（6）kV～500kV 电缆线路技术标准

Q/GDW 13246.1—2018　10kV 电力电缆附件采购标准　第 1 部分：通用技术规范

3 资质信息

3.1 企业信息

3.1.1 ※基本信息

查阅营业执照。

供应商为中华人民共和国境内依法注册的法人或其他组织。

3.1.2 法定代表人/负责人信息

查阅法定代表人/负责人身份证（或护照）。

3.1.3 财务信息

查阅审计报告、财务报表，其中审计报告为具有资质的第三方机构出具。

3.1.4 资信等级证明

查阅银行或专业评估机构出具的证明。

3.1.5 注册资本和股本结构

查阅验资报告。

3.2 ※报告证书

3.2.1 ※检测报告

查阅检测报告、送样样品生产过程记录以及其他支撑资料。

a) 检测报告出具机构为国家授权的专业检测机构[具有计量认证合格证书（CMA）及中国合格评定国家认可委员会颁发的 CNAS 实验室认可证书，且证书附表检测范围涵盖被核实产品的试验项目]或者国际专业权威机构。

b) 检测报告的委托方和产品制造方为供应商自身。

c) 不同电压等级电缆附件的型式试验报告不能相互替代。检测报告符合相应的国家标准、电力行业标准、国家电网有限公司企业标准和物资采购标准规定的试验项目和试验数值的要求，型式试验检测报告项目应符合附录 A.1。

d) 当电缆附件的原材料、制造工艺、设计以及结构发生变化可能改变其特性时，重新进行完整的型式试验。

e) 国家标准、行业标准规定的检测报告有效期有差异的，以有效期短的为准；国家标准、行业标准均未明确检测报告有效期的，检测报告有效期按长期有效认定。

f) 外文报告提供经公证的中文译本。

3.2.2 ※管理体系认证

查阅管理体系认证证书。具有质量管理体系证书，证书在有效期内，有定期年检记录且认证范围涵盖被核实产品。

3.3 产品业绩

查阅供货合同及相对应的合同销售发票。

a) 合同的供货方和实际产品的生产方均为供应商自身。

b) 不同电压等级产品业绩不可相互替代。

c) 出口业绩提供报关单，出口业绩的报关单、合同提供中文版本或经公证后的中文译本。业绩电压等级往下认可最接近的电压等级。

d) 不予统计的业绩有（不限于此）：

　　1) 与同类产品制造厂之间的业绩。

　　2) 产品在试验室或试验站的业绩。

　　3) 作为元器件、组部件的业绩。

　　4) 供应商与代理商之间的供货业绩（出口业绩除外）。

　　5) 出口业绩的外贸合同、发票、报关单及对应产品型号等信息资料难以核实或不全的。

4　设计研发能力

4.1　技术来源与支持

查阅与合作支持方的协议以及设计文件图纸等相关资料。

4.2　设计研发内容

查阅产品研发的设计、试验、关键工艺技术、质量控制方面的研发情况。

4.3　设计研发人员

查阅设计研发部门的机构设置及人员信息。

4.4　获得专利情况

查阅与产品相关的专利证书。

4.5　参与标准制（修）订情况

查阅主持或参与制（修）订并已颁布的标准及相关证明材料信息。

4.6　产品获奖情况

查阅与产品相关的省部级及以上获奖证书的相关信息。

4.7　商业信誉

查阅企业相关国家、行业或第三方发布的综合实力、品牌等排名。

5　生产制造能力

5.1　※生产厂房

查阅不动产权证书、土地使用权证、房屋产权证、厂房设计图纸、房屋租赁合同、用电客户编号等相关信息。

具有与产品生产相配套的独立封闭的厂房，不能借用其他公司的厂房，如长期租用则提供租赁合同等相关证明文件。厂房面积、生产环境和工艺布局能满足被核实产品的生产要求，并有措施可以保障人员及产品或组部件的进出能够满足被核实产品的生产要求。

5.2 生产工艺

5.2.1 工艺控制文件

查阅工艺控制文件、管理体系文件等相关信息。

各工序的作业指导书、工艺控制文件齐全、统一、规范。电缆附件生产包括应力控制部件、绝缘件、屏蔽件、冷缩、热缩及预制附件等工艺环节，其工艺文件中所依据的标准不低于国家标准、电力行业标准、国家电网有限公司企业标准和物资采购标准。各工艺环节中无国家明令禁止的行为。

5.2.2 ※关键生产工艺控制

查阅工艺流程控制记录等相关信息。

产品工艺技术成熟、稳定。从原材料/组部件到产品入库所规定的每道工序的工艺技术能保证产品生产的需要。生产产品的各个工序按工艺文件执行，现场记录内容规范、详实，具有可追溯性，现场定置管理，有明显的标识。

5.3 ※生产设备

查阅设备的现场实际情况及购买发票等相关信息。

a)   具有与产品生产相适应的设备，不能整体租用或借用，主要生产设备应符合附录B。

b)   设备使用正常，设备上的计量仪器仪表具有合格的检定或校准证书，并在有效期内。

5.4 生产、技术、质量管理人员

查阅人力资源部门管理文件（如劳动合同、人员花名册、社保缴纳记录等），包括生产、技术、质量管理等人员数量，结合现场实际情况，观察现场人员的操作水平。

a)   具有满足生产需要专职工作人员，且不得借用其他公司的。一线生产人员培训上岗，操作熟练。

b)   具有质量管理组织机构、质量管理部门及人员。

6 试验检测能力

6.1 ※试验场所

查看试验场所现场情况。

具有自己的独立试验区域，试验区域尺寸、背景噪声、环境满足全部出厂试验要求，工厂具备完成全部出厂、抽样试验的能力，其试验项目满足相应的国家标准、电力行业标准、国家电网有限公司企业标准和物资采购标准规定的要求。

出厂检测项目应符合附录A.1，抽样检测项目应符合附录A.3。

6.2 试验检测管理

查阅相关的规章制度文件、过程记录以及试验报告等相关信息。

具有试验室管理制度、操作规程、试验标准，现场定置管理，有明显的标志，并在操作过程中严格按照规程执行。

6.3 ※试验检测设备

查阅设备的现场实际情况及购买发票等相关信息。

a)   试验检测设备齐全，满足进行国家标准、电力行业标准、国家电网有限公司企

业标准和物资采购标准所规定的试验检测要求，不能委托其他单位进行，主要试验检测设备应符合附录 C。

b) 试验检测设备使用正常，具有合格的检定或校准证书，并在有效期内。

6.4 ※试验检测人员

查阅人力资源部门管理文件（如劳动合同、人员花名册、社保缴纳记录等）、人员资质证书以及培训记录。

具有相应数量的试验人员，且不得借用其他公司的，试验人员能独立完成试验，操作熟练，能理解或掌握相关国家标准、电力行业标准、国家电网有限公司企业标准和物资采购标准的有关规定，并具有一定的试验结果分析能力。高电压试验人员至少有两人，经过考核培训持证上岗。

6.5 现场抽样

6.5.1 抽查试验报告

试验报告中试验项目齐全、数据准确无误，存档管理规范，具有可追溯性。试验原始记录保存纸质文件，并有试验人员的签字。

6.5.2 ※抽样检测

原则上现场应对与被核实产品相同或相近型式的产品进行抽样检验。样品应在供应商声明的合格产品中抽取，抽样检验项目一般在出厂试验项目中选取。抽样检验重点核实供应商试验方法、试验场地环境、人员操作能力、仪器设备有效性和产品性能等方面。

抽取具有出厂试验报告的产品，产品数量满足现场抽样检测要求，试验结果满足相关标准，现场抽样试验项目应符合附录 A.3。

现场具备检测条件，抽样试验应一次通过。

7 原材料/组部件管理

7.1 管理规章制度

查阅原材料/组部件管理规章制度。

a) 具有进厂检验制度及其他原材料/组部件管理制度。

b) 具有主要原材料/组部件供应商管理制度，外购原材料/组部件生产厂家通过质量管理体系认证。

c) 具有供应商管理制度、原材料进厂检验制度，并严格执行，记录明确。原材料/组部件检验方法和检测结果均满足国家标准、行业标准或企业标准要求。

d) 具有原材料/组部件仓储管理制度。

7.2 ※管理控制情况

查阅原材料/组部件管理规程、设计图纸、采购合同等相关信息。

a) 查阅主要原材料供应商出具的材料检测报告。

b) 查阅原材料供应商供货记录及原材料的入厂检验报告。

c) 原材料供应商变更时，对原材料进行检验，并保存相应的检验记录。

d) 原材料/组部件有相对独立的存放区域和适宜的环境，定置管理，标识清晰、正确、规范、合理。

e) 设计所采用的原材料/组部件不能有国家明令禁止的。

8 数智制造

应用互联网和物联网技术，打造"透明工厂"，生产制造、试验检验、原材料/组部件管理等信息对买方公开，接入国家电网电工装备智慧物联平台。

加强数字基础设施建设，推动数字技术与先进制造技术融合发展。供应商相关业务数据、原材料/组部件检验数据、生产过程检验数据、出厂试验数据、成品信息数据和视频数据等支持自动采集或系统推送。数据接口需保障数据完整性、正确性、安全性，具有可扩展性、通信实时性等。

9 绿色发展

查看供应商资源能源消耗情况、战略体系、绿色认证及其他支撑材料，包括：

a) 相关油、水、气、煤及电力、热力等能源消耗，建立能源利用统计报表制度，分析生产经营环节能源利用情况。

b) 相关绿色工厂认证、绿色产品标识、绿色供应链管理等相关资质文件。

c) 将绿色发展理念融入战略体系中，并形成明确的绿色发展目标，制定详实且具有操作性的实施路径。

d) 建立、实施并保持支撑企业绿色低碳发展的绿色管理体系情况，包括但不限于能源管理体系、碳排放管理体系、能源计量管理体系等。

e) 使用无害原材料，禁止使用国家明令禁止的淘汰设备、工艺技术等，并应用国家鼓励的节能设备与先进工艺技术情况。

f) 建立完善的绿色采购管理制度，推广绿色包装材料应用，并建立系统的循环利用体系，实施绿色制造情况。

g) 生产环节的大气污染物排放、水体污染物排放、固体废弃物排放、噪声排放等基础排放符合相关国家标准及地方标准要求情况。

10 售后服务及产能

售后服务及产能应符合以下要求：

a) 查阅管理文件、组织机构设置、人员档案、售后服务记录等相关信息，查阅以往的售后服务记录，记录完整规范，并具有可追溯性。

b) 产能情况通过现场实际情况及供应商提供的产能计算报告，根据产品生产的瓶颈进行判断。

本文件中所有核实内容都将对供应商参与招投标活动有重要影响，其中标记"※"的内容是以往招标必备项的要求，也是重点核实内容，其他未标记"※"的为一般核实内容。

附 录 A

检 测 报 告 项 目

※A.1 型式试验项目

型式试验项目包括：

a) 工频电压试验。

b) 环境温度下的局部放电试验。

c) 冲击电压试验。

d) 热循环电压试验。

e) 高温下的局部放电试验。

f) 附件检查。

g) 导体短路热稳定试验。

h) 屏蔽短路热稳定试验（如有）。

i) 短路动稳定试验（如有）。

j) 动热稳定试验后冲击电压试验及工频电压试验。

k) 潮湿试验（户内终端）。

l) 盐雾试验（户外终端）。

m) 插拔试验（可分离连接器）。

n) 操作环试验（屏蔽型可分离连接器）。

o) 屏蔽电阻测量（屏蔽型可分离连接器）。

p) 屏蔽泄漏电流试验（屏蔽型可分离连接器）。

q) 故障电流引发试验（屏蔽型可分离连接器）。

r) 操作力试验（屏蔽型可分离连接器）。

s) 试验点电容测量（屏蔽型可分离连接器）。

A.2 出厂试验项目

出厂试验项目包括：

a) 室温下的局部放电试验。

b) 工频电压试验。

A.3 抽样试验项目

抽样试验项目包括：

a) 室温下的局部放电试验。

b) 工频电压试验。

c) 屏蔽电阻测量（屏蔽型可分离连接器）。

附　录　B
主 要 生 产 设 备

主要生产设备包括：

a)　※硫化机。

b)　※泵料机。

c)　※烘箱。

d)　※扩张机（适用于冷缩附件）。

e)　※电子加速器（适用于热缩附件，如外委需有长期合作协议）。

f)　※打磨机。

g)　※橡胶注射成型机（如采用固体硅橡胶）。

注：产品应力控制部件和绝缘件自行生产，不得外购。

附 录 C
主 要 试 验 检 测 设 备

主要试验检测设备包括：

a) ※局部放电试验检测设备。

b) ※工频电压设备。

c) ※绝缘电阻测试仪试验检测设备。

电缆保护管供应商资质能力信息核实规范

目　次

电缆保护管供应商资质能力信息核实规范

1 范围

本文件规定了国家电网有限公司对电缆保护管产品供应商的资质条件以及制造能力信息进行核实的依据。

本文件适用于国家电网有限公司电缆保护管产品供应商的信息核实工作。包括：

a) 氯化聚氯乙烯及硬聚氯乙烯塑料电缆导管类（CPVC 和 UPVC 类）。

b) 氯化聚氯乙烯及硬聚氯乙烯塑料双壁波纹电缆导管类（CPVC 和 UPVC 类）。

c) 纤维水泥电缆导管类。

d) 玻璃纤维增强塑料电缆导管（玻璃钢）。

e) 承插式混凝土预制电缆导管。

f) 非开挖用改性聚丙烯塑料电缆导管类（MPP）。

g) 埋地用改性聚丙烯塑料单壁波纹电缆导管（MPP）。

h) 聚乙烯管（PE）。

i) 涂塑钢质电缆导管（NHAP）。

2 规范性引用文件

下列文件中的内容通过文中的规范性引用而构成本文件必不可少的条款。其中，注日期的引用文件，仅该日期对应的版本适用于本文件；不注日期的引用文件，其最新版本（包括所有的修改单）适用于本文件。

GB/T 1033.1 塑料 非泡沫塑料密度的测定 第 1 部分：浸渍法、液体比重瓶法和滴定法

GB/T 1633 热塑性塑料维卡软化温度（VST）的测定

GB/T 8802 热塑性塑料管材、管件维卡软化温度的测定

GB/T 9647 热塑性塑料管材环刚度的测定

GB/T 13663 给水用聚乙烯（PE）管材

GB/T 20041.1 电缆管理用导管系统 第 1 部分：通用要求

DL/T 802.1 电力电缆用导管技术条件 第 1 部分：总则

DL/T 802.2 电力电缆用导管技术条件 第 2 部分：玻璃纤维增强塑料电缆导管

DL/T 802.3 电力电缆用导管技术条件 第 3 部分：氯化聚氯乙烯及硬聚氯乙烯塑料电缆导管

DL/T 802.4 电力电缆用导管技术条件 第 4 部分：氯化聚氯乙烯及硬聚氯乙烯塑料

双壁波纹电缆导管

DL/T 802.5　电力电缆用导管技术条件　第 5 部分：纤维水泥电缆导管

DL/T 802.6　电力电缆用导管技术条件　第 6 部分：承插式混凝土预制电缆导管

DL/T 802.8　电力电缆用导管技术条件　第 8 部分：埋地用改性聚丙烯塑料单壁波纹电缆导管

DL/T 802.9　电力电缆用导管技术条件　第 9 部分：高强度聚氯乙烯塑料电缆导管

DL/T 802.10　电力电缆用导管技术条件　第 10 部分：涂塑钢质电缆导管

Q/GDW 11381　电缆保护管选型技术原则和检测技术规范

国家电网有限公司物资采购标准 2018 版　电缆卷、电缆附件卷

国家电网公司总部　配网标准化物资固化技术规范书　电缆保护管，CPVC（9906－300021332－00002）

国家电网公司总部　配网标准化物资固化技术规范书　电缆保护管，MPP，非开挖（9906－500047131－00005）

国家电网公司总部　配网标准化物资固化技术规范书　电缆保护管，MPP 埋地用（9906－500047131－00004）

3　资质信息

3.1　企业信息

3.1.1　※基本信息

查阅营业执照。

供应商为中华人民共和国境内依法注册的企业法人或其他组织。

3.1.2　法定代表人/负责人信息

查阅法定代表人/负责人身份证（或护照）。

3.1.3　财务信息

查阅审计报告、财务报表，其中审计报告为具有资质的第三方机构出具。

3.1.4　资信等级证明

查阅银行或专业评估机构出具的证明。

3.1.5　注册资本和股本结构

查阅验资报告。

3.2　报告证书

3.2.1　※型式试验报告

查阅型式试验报告、送样样品生产过程记录以及其他支撑资料。

a)　型式试验报告出具机构为国家授权的专业检测机构或者国际专业权威机构。境内检测机构具有计量认证证书（CMA）及中国合格评定国家认可委员会颁发的实验室认可证书（CNAS），且证书附表检测范围涵盖所核实产品。境外机构出具的型式试验报告同时提供中文版本或经公证后的中文译本。

b)　型式试验报告的委托方和产品制造方是供应商自身。

c) 不同材质的电缆保护管的型式试验报告不能相互替代，型式试验报告符合相应的国家标准、电力行业标准、国家电网有限公司企业标准和物资采购标准规定的试验项目和试验数值的要求，型式试验报告项目应符合附录 A。

d) 当电缆保护管的原材料、制造工艺、设计以及结构发生变化可能改变其特性时，重新进行完整的型式试验。

e) 国家标准、行业标准规定的型式试验报告有效期有差异的，以有效期短的为准；国家标准、行业标准均未明确型式试验报告有效期的，型式试验报告有效期按长期有效认定。

f) 外文报告应提供经公证的中文译本。

3.2.2 ※管理体系认证

查阅管理体系认证证书。具有质量管理体系证书，证书在有效期内，有定期年检记录且认证范围涵盖被核实产品。

3.3 产品业绩

查阅供货合同及相对应的销售发票。

a) 合同的供货方和实际产品的生产方均为供应商自身。

b) 出口业绩提供报关单，出口业绩的报关单、合同提供中文版本或经公证后的中文译本。

c) 不予统计的业绩有（不限于此）：

1) 与同类产品制造厂之间的业绩；

2) 产品在试验室或试验站的业绩；

3) 供应商与代理商之间的供货业绩（出口业绩除外）。

4 设计研发能力

4.1 技术来源与支持

查阅与合作支持方的协议以及设计文件图纸等相关资料。

4.2 设计研发内容

查阅新产品、新材料的设计、试验、关键工艺技术、质量控制方面的研发情况。

4.3 设计研发人员

查阅设计研发部门的机构设置及人员信息。

4.4 获得专利情况

查阅与产品相关的专利证书。

4.5 参与标准制（修）订情况

查阅主持或参与制（修）订并已发布的标准及相关证明材料信息。

4.6 产品获奖情况

查阅与产品相关的省部级及以上获奖证书的相关信息。

4.7 商业信誉

查阅企业相关国家、行业或第三方发布的综合实力、品牌等排名。

5 生产制造能力

5.1 ※生产厂房

查阅不动产权证书、土地使用权证、房屋产权证、厂房设计图纸、房屋租赁合同、用电客户编号等相关信息。

具有与产品生产相配套的独立封闭的厂房，不能借用其他公司的厂房，如长期租用则提供租赁合同等相关证明文件。厂房面积、生产环境和工艺布局能满足被核实产品的生产要求，并有措施可以保障人员及产品或组部件的进出能够满足被核实产品的生产要求。

5.2 生产工艺

5.2.1 工艺控制文件

查阅工艺控制文件、管理体系文件等相关信息。

各工序的作业指导书、工艺控制文件齐全、统一、规范。在文件中列出重要的控制参数和控制内容，包括原料配方、模具尺寸、工艺要求等，其工艺文件中所依据的标准不低于国家标准、电力行业标准、国家电网有限公司企业标准和物资采购标准。各工艺环节中无国家明令禁止的行为。

5.2.2 ※关键生产工艺控制

查阅工艺流程控制记录等相关信息。

产品工艺技术成熟、稳定。从原材料/组部件到产品入库所规定的每道工序的工艺技术能保证产品生产的需要。生产产品的各个工序按工艺文件执行，现场记录内容规范、详实，具有可追溯性，现场定置管理，有明显的标识。

5.3 ※生产设备

查阅设备的现场实际情况与购买合同、发票等相关信息相符。

a) 具有与产品生产相适应的设备，不能整体租用或借用，主要生产设备应符合附录 B。

b) 设备使用正常，设备上的计量仪器仪表具有合格的检定或校准证书，并在有效期内。

5.4 生产、技术、质量管理人员

查阅人力资源部门管理文件（如劳动合同、人员花名册、社保缴纳记录等），包括生产、技术、质量管理等人员数量，结合现场实际情况，观察现场人员的操作水平。

a) 具有生产需要的专职生产及技术人员，且不得借用其他公司的。一线生产人员培训上岗，操作熟练。

b) 具有质量管理组织机构、质量管理部门及人员。

6 试验检测能力

6.1 ※试验场所

查看试验场所现场情况。

具有自己的独立试验区域，试验环境满足全部出厂试验要求，工厂具备完成全部出厂、抽样试验的能力，其试验项目满足相应的国家标准、电力行业标准、国家电网有限

公司企业标准和物资采购标准规定的要求。

出厂试验项目应符合附录 A。

6.2 试验检测管理

查阅相关的规章制度文件、过程记录以及出厂试验报告等相关信息。

具有试验室管理制度、操作规程、试验标准，现场定置管理，有明显的标志，并在操作过程中严格按照规程执行。

6.3 ※试验检测设备

设备的现场实际情况及购买发票等相关信息应符合以下要求：

a) 设备齐全，满足进行国家标准、电力行业标准、国家电网有限公司企业标准和物资采购标准所规定的试验检测要求，不能委托其他单位进行，主要试验检测设备应符合附录 C。

b) 设备使用正常，具有合格的检定或校准证书，并在有效期内。

6.4 ※试验检测人员

查阅人力资源部门管理文件（如劳动合同、人员花名册、社保缴纳记录等）、人员资质证书以及培训记录。

具有相应数量的试验人员，试验人员能独立完成试验，操作熟练，能理解或掌握相关国家标准、电力行业标准和国家电网有限公司企业标准和物资采购标准的有关规定，并具有一定的试验结果分析能力。试验人员至少有两人，经过考核培训持证上岗。

6.5 现场抽样

6.5.1 抽查试验报告

试验报告中试验项目齐全、数据准确无误，存档管理规范，具有可追溯性。试验原始记录保存纸质文件，并有试验人员和审核人员的签字。

6.5.2 ※抽样检测

原则上现场应对与被核实产品相同或相近型式的产品进行抽样检验。样品应在供应商声明的合格产品中抽取，抽样检验项目一般在出厂试验项目中选取。抽样检验重点核实供应商试验方法、试验场地环境、人员操作能力、仪器设备有效性和产品性能等方面。

抽取具有出厂试验报告的产品，产品数量满足现场抽样检测要求，试验结果满足相关标准，现场抽样试验项目应符合附录 A。

现场具备检测条件，抽样试验应一次通过。

7 原材料/组部件管理

7.1 管理规章制度

原材料/组部件管理规章制度应符合以下要求：

a) 具有进厂检验制度及其他原材料/组部件管理制度。

b) 具有主要原材料/组部件供应商管理制度，外购原材料/组部件生产厂家通过质量管理体系认证。

c) 具有供应商管理制度、原材料进厂检验制度，并严格执行，记录明确。原材料/组部件检验方法和检测结果满足国家标准、行业标准或企业标准要求。

d) 具有原材料仓储管理制度。

7.2 ※管理控制情况

原材料/组部件管理规程、设计图纸、采购合同等相关信息应符合以下要求：

a) 查阅主要原材料供应商出具的材料检测报告。

b) 查阅原材料供应商供货记录及原材料的入厂检验报告。

c) 原材料供应商变更时，对原材料进行检验，并保存相应的检验记录。

d) 原材料/组部件有相对独立的存放区域和适宜的环境，定置管理，标识清晰、正确、规范、合理。

o) 设计所采用的原材料/组部件不能有国家明令禁止的。

8 数智制造

应用互联网和物联网技术，打造"透明工厂"，生产制造、试验检验、原材料/组部件管理等信息对买方公开，接入国家电网电工装备智慧物联平台。

加强数字基础设施建设，推动数字技术与先进制造技术融合发展。供应商相关业务数据、原材料/组部件检验数据、生产过程检验数据、出厂试验数据、成品信息数据和视频数据等支持自动采集或系统推送。数据接口需保障数据完整性、正确性、安全性，具有可扩展性、通信实时性等。

9 绿色发展

查看供应商资源能源消耗情况、战略体系、绿色认证及其他支撑材料，包括：

a) 相关油、水、气、煤及电力、热力等能源消耗，建立能源利用统计报表制度，分析生产经营环节能源利用情况。

b) 相关绿色工厂认证、绿色产品标识、绿色供应链管理等相关资质文件。

c) 将绿色发展理念融入战略体系中，并形成明确的绿色发展目标，制定详实且具有操作性的实施路径。

d) 建立、实施并保持支撑企业绿色低碳发展的绿色管理体系情况，包括但不限于能源管理体系、碳排放管理体系、能源计量管理体系等。

e) 使用无害原材料，禁止使用国家明令禁止的淘汰设备、工艺技术等，并应用国家鼓励的节能设备与先进工艺技术情况。

f) 建立完善的绿色采购管理制度，推广绿色包装材料应用，并建立系统的循环利用体系，实施绿色制造情况。

g) 生产环节的大气污染物排放、水体污染物排放、固体废弃物排放、噪声排放等基础排放符合相关国家标准及地方标准要求情况。

10 售后服务及产能

查阅管理文件、组织机构设置、人员档案、售后服务记录等相关信息，查阅以往的售后服务记录，记录完整规范，并具有可追溯性。

产能情况通过现场实际情况及供应商提供的产能计算报告，根据产品生产的瓶颈进行判断。

本文件中所有核实内容都将对供应商参与招投标活动有重要影响，其中标记"※"的内容是以往招标必备项的要求，也是重点核实内容，其他未标记"※"的为一般核实内容。

附　录　A

试验报告包含试验项目

试验报告包含试验项目应符合表 A.1。

表 A.1　试验报告包含试验项目

种类	序号	※型式试验项目	出厂试验项目	抽样试验项目
氯化聚氯乙烯及硬聚氯乙烯塑料电缆导管类（CPVC 和 UPVC 类）	1	外观	外观	外观
	2	尺寸	尺寸	尺寸
	3	密度	密度	密度
	4	环刚度（3%）（常温）（仅 UPVC 适用）；环刚度（3%）（80℃）（仅 CPVC 适用）	环刚度（3%）（常温）（仅 UPVC 适用）；环刚度（3%）（80℃）（仅 CPVC 适用）	环刚度（3%）（常温）（仅 UPVC 适用）；环刚度（3%）（80℃）（仅 CPVC 适用）
	5	压扁试验	密度	密度
	6	落锤冲击	—	—
	7	维卡软化温度	维卡软化温度	维卡软化温度
	8	纵向回缩率	—	—
	9	接头密封性能	—	—
氯化聚氯乙烯及硬聚氯乙烯塑料双壁波纹电缆导管类（CPVC 和 UPVC 类）	1	外观	外观	外观
	2	尺寸	尺寸	尺寸
	3	密度	密度	密度
	4	环刚度（3%）（常温）（仅 UPVC 适用）；环刚度（3%）（80℃）（仅 CPVC 适用）	环刚度（3%）（常温）（仅 UPVC 适用）；环刚度（3%）（80℃）（仅 CPVC 适用）	环刚度（3%）（常温）（仅 UPVC 适用）；环刚度（3%）（80℃）（仅 CPVC 适用）
	5	压扁试验	—	—
	6	烘箱试验	—	—
	7	落锤冲击	—	—
	8	二氯甲烷浸渍	—	—
	9	维卡软化温度	维卡软化温度	维卡软化温度
	10	接头密封性能	—	—

表 A.1（续）

种类	序号	※型式试验项目	出厂试验项目	抽样试验项目
纤维水泥电缆导管类	1	外观	外观	外观
	2	尺寸检查	尺寸检查	尺寸检查
	3	抗折荷载	抗折荷载	抗折荷载
	4	导管外压破坏荷载	导管外压破坏荷载	导管外压破坏荷载
	5	套管外压强度	套管外压强度	套管外压强度
	6	抗渗性能和接头密封性能		
	7	吸水率（纤维水泥管类）	—	—
	8	抗冻性		
	9	耐酸、碱腐蚀		
玻璃纤维增强塑料电缆导管（玻璃钢）	1	外观	外观	外观
	2	尺寸检查	尺寸检查	尺寸检查
	3	拉伸强度	—	—
	4	浸水后拉伸强度	—	—
	5	巴氏硬度	巴氏硬度	巴氏硬度
	6	环刚度（5%）	环刚度（5%）	环刚度（5%）
	7	弯曲负荷热变形温度	—	—
	8	落锤冲击	—	—
	9	接头密封性能	—	—
	10	浸水后压扁线荷载保留率	—	—
	11	碱金属氧化物含量	—	—
	12	氧指数	—	—
承插式混凝土预制电缆导管	1	外观	外观	外观
	2	尺寸检查	尺寸检查	尺寸检查
	3	混凝土强度	混凝土强度	混凝土强度
	4	管体破坏弯矩		
	5	管体外压破坏荷载	—	—
	6	接头部剪切破坏荷载		
	7	接头密封性能		

表 A.1（续）

种类	序号	※型式试验项目	出厂试验项目	抽样试验项目
非开挖用改性聚丙烯塑料电缆导管类（MPP）	1	外观	外观	外观
	2	尺寸	尺寸	尺寸
	3	密度	密度	密度
	4	环刚度（3%）（常温）	环刚度（3%）（常温）	环刚度（3%）（常温）
	5	压扁试验	—	—
	6	落锤冲击	—	—
	7	维卡软化温度	维卡软化温度	维卡软化温度
	8	拉伸强度	—	—
	9	断裂伸长率	—	—
	10	弯曲强度	—	—
埋地用改性聚丙烯塑料单壁波纹电缆导管（MPP）	1	外观	外观	外观
	2	尺寸	尺寸	尺寸
	3	环刚度（3%）	环刚度（3%）	环刚度（3%）
	4	环段热压缩力	—	—
	5	环柔性	—	—
	6	维卡软化温度	—	—
	7	落锤冲击	—	落锤冲击
	8	弯曲半径	—	—
	9	滑动摩擦系数	—	—
	10	耐电压试验	—	—
	11	连接密封性	—	—
	12	连接强度试验	—	—
聚乙烯管（PE）	1	外观	外观	外观
	2	尺寸	尺寸	尺寸
	3	断裂伸长率	断裂伸长率	断裂伸长率
	4	氧化诱导期	氧化诱导期	氧化诱导期
	5	纵向回缩率	纵向回缩率	纵向回缩率
	6	耐候性	耐候性	—

表 A.1（续）

种类	序号	※型式试验项目	出厂试验项目	抽样试验项目
涂塑钢质电缆导管（NHAP）	1	外观	外观	外观
	2	尺寸	尺寸	尺寸
	3	涂层厚度	涂层厚度	涂层厚度
	4	针孔试验	针孔试验	针孔试验
	5	附着力	附着力	附着力
	6	抗压扁	抗压扁	抗压扁
	7	耐低温	—	—
	8	耐化学试剂		
	9	耐候性		
	10	耐湿热性		

附 录 B
主 要 生 产 设 备

主要生产设备包括：

a) ※PVC 管材生产线（适用于 CPVC 和 UPVC 类）。

b) ※MPP/PE 生产线（适用于 MPP/PE 类）。

c) ※玻璃钢管道编织、缠绕机生产线（适用于玻璃钢管类）。

d) ※磨粉机（适用于纤维水泥管类）。

e) ※切割机（适用于纤维水泥管类）。

f) ※维纶管生产线（适用于纤维水泥管类）。

g) ※浸塑生产线（适用于 NHAP 管）。

附 录 C
主 要 试 验 检 测 设 备

主要试验检测设备应符合表 C.1。

表 C.1 主 要 试 验 检 测 设 备

种类	序号	试验检测设备	技术参数
氯化聚氯乙烯及硬聚氯乙烯塑料电缆导管（CPVC 和 UPVC 类）及氯化聚氯乙烯及硬聚氯乙烯塑料双壁波纹电缆导管（CPVC 和 UPVC 类）	1	※微机控制电子万能试验机	测量范围：0～10kN； 准确度：1 级
	2	※维卡软化温度仪	千分表：精度±0.01mm； 加热浴槽：浴槽中应具有搅拌器及加热装置，使液体可按每小时（50±5）℃等速升温； 测温仪器：精度在 0.5℃ 以内
	3	※电子天平或为密度测量而专门设计的仪器	测量范围：0～120g； 准确度：1 级； 分辨力：0.0001g
	4	热老化试验箱	温度范围：0～300℃； 控温误差：±2℃
玻璃纤维增强塑料电缆导管	1	※微机控制电子万能试验机	分辨力：0.02mm； 准确度：1 级
	2	※巴氏硬度计	测量范围：0～100 准确度：±2
	3	氧指数测定仪	流量测量和控制装置； 控制混合气体中氧气浓度体积含量，精度±0.5%； 调节混合气体浓度体积含量，精度±0.1%
非开挖用改性聚丙烯塑料电缆导管类（MPP）	1	※微机控制电子万能试验机	测量范围：0～50kN； 准确度：1 级
	2	※维卡软化温度仪	千分表：精度±0.01mm； 加热设备：能以 50℃/h±5℃/h 或 120℃/h±10℃/h 匀速升温； 测温仪器：精度在 0.5℃ 以内
	3	※电子天平或为密度测量而专门设计的仪器	测量范围：0～120g； 准确度：Ⅰ级； 精度：0.0001g
埋地用改性聚丙烯塑料单壁波纹电缆导管（MPP）	1	※微机控制电子万能试验机	测量范围：0～50kN； 准确度：1 级
	2	落锤冲击试验仪	落锤质量：（1.0～20.0）kg 落锤高度：1200mm 或 1600mm
	3	低温试验箱	测量范围：−40℃～0℃； 准确度：±2℃

表 C.1（续）

种类	序号	试验检测设备	技术参数
纤维水泥电缆导管类	1	抗折荷载试验装置	万能材料试验机：量程 0～100kN 受压面：为相交 120°V 字型钢制托架 上压块宽度：100mm 下支座宽度：50mm 橡胶垫：厚度 10mm
	2	导管外压破坏荷载试验装置	量程：0～100kN 受压面：为相交 150°V 字型钢制托架 橡胶垫：厚度 15mm 压块：宽度 35mm
承插式混凝土预制电缆导管	1	压力试验机	试件机相对误差：±1%
聚乙烯管（PE）	1	壁厚千分尺	最大允差：±0.01mm
	2	测厚仪	分辨力：0.01mm
	3	※微机控制电子万能试验机	准确度：1 级
	4	差示扫描量热仪	气体流动速率范围：10mL/min～50mL/min； 偏差：±10%
	5	热老化试验箱	温度范围：0～300℃； 控温误差：±2℃
	6	恒温箱	最大偏差：±2℃
	7	加压装置	压力偏差：−1%～+2%
	8	拉伸试验机	速度范围：20mm/min～50mm/min
涂塑钢质电缆导管（NHAP）	1	低温试验箱	温度范围：−70℃～室温 控温误差：±2℃
	2	电火花检漏仪	量程：0～5kV
	3	磁性测厚仪	量程：0.001mm～5mm； 分辨力：在 1mm 以下为 1μm，1mm 以上为 0.01mm
	4	湿热试验箱	温度范围：室温～100℃，准确度±1℃ 湿度范围：20%～98%，准确度±2%

10kV ADSS 光缆（全介质自承式光缆）供应商资质能力信息核实规范

目　　次

![国家电网有限公司 STATE GRID CORPORATION OF CHINA]

10kV ADSS 光缆（全介质自承式光缆）供应商
资质能力信息核实规范

1 范围

本文件是国家电网有限公司对电力光缆产品供应商的资质条件以及制造能力信息进行核实工作的依据。

本文件适用于国家电网有限公司 10kV 电压等级 ADSS 光缆（全介质自承式光缆）产品供应商的信息核实工作。

2 规范性引用文件

下列文件中的内容通过文中的规范性引用而构成本文件必不可少的条款。其中，注日期的引用文件，仅该日期对应的版本适用于本文件；不注日期的引用文件，其最新版本（包括所有的修改单）适用于本文件。

GB/T 7424.1—2003　光缆　第 1 部分：总规范

GB/T 7424.2—2008　光缆总规范　第 2 部分：光缆基本试验方法

GB/T 7424.20—2021　光缆总规范　第 20 部分：光缆基本试验方法　总则和定义

GB/T 7424.21—2021　光缆总规范　第 21 部分：光缆基本试验方法　机械性能试验方法

GB/T 7424.22—2021　光缆总规范　第 22 部分：光缆基本试验方法　环境性能试验方法

GB/T 9771—2008　通信用单模光纤系列

GB/T 15972　光纤试验方法规范

GB/T 15972.20—2021　光纤试验方法规范　第 20 部分：尺寸参数的测量方法和试验程序　光纤几何参数

GB/T 15972.42—2021　光纤试验方法规范　第 42 部分：传输特性的测量方法和试验程序　波长色散

GB/T 18899—2002　全介质自承式光缆

DL/T 788—2016　全介质自承式光缆

IEEE Std.1222—2011　Standard for All Dielectric Self-Supporting Fiber Optic Cable

IEC 60793-2—2011　光纤　第 2 部分：产品规范

ITU-T G.652—2016　单模光纤和光缆的特性

ITU-T G.655—2009　非零色散位移单模光纤光缆的特性

3 资质信息

3.1 企业信息

3.1.1 ※基本信息

查阅营业执照。

供应商为中华人民共和国境内依法注册的法人或其他组织。

3.1.2 法定代表人信息

查阅法定代表人/负责人身份证（或护照）。

3.1.3 财务信息

查阅审计报告、财务报表，其中审计报告为具有资质的第三方机构出具。

3.1.4 资信等级证明

查阅银行或专业评估机构出具的证明。

3.1.5 注册资本和股本结构

查阅验资报告。

3.2 报告证书

3.2.1 ※检测报告

查阅检测报告、送样样品生产过程记录以及其他支撑资料。

a) 检测报告出具机构为国家授权的专业检测机构［具有计量认证合格证书（CMA）及中国合格评定国家认可委员会颁发的 CNAS 实验室认可证书，且证书附表检测范围涵盖被核实产品的试验项目］或国际专业权威机构。

检测报告的委托方和产品制造方为供应商自身。检测报告的试验产品类型与被核实的产品类型相一致。产品的检测报告符合相应的国家标准、行业标准、国家电网有限公司企业标准和物资采购标准的规定，检测报告项目应符合附录 A。

b) 当产品在设计、材料或制造工艺改变或产品转厂生产或异地生产时，重新进行相应的检测试验。

c) 国家标准、行业标准规定的检测报告有效期有差异的，以有效期短的为准；国家标准、行业标准均未明确检测报告有效期的，检测报告有效期按长期有效认定。

d) 外文报告提供经公证的中文译本。

3.2.2 ※管理体系认证

查阅管理体系认证证书。具有质量管理体系证书，证书在有效期内，有定期年检记录且认证范围涵盖被核实产品。

3.2.3 入网许可证

对于 10kV 电压等级 ADSS 光缆产品，具有国家电网有限公司指定机构（国网信息通信有限公司）颁发的电力专用通信设备产品进网许可证，且在有效期内。

3.3 产品业绩

查阅供货合同及相对应的销售发票。

a) 合同的供货方和实际产品的生产方均为供应商自身。

b) 出口业绩提供报关单、产品发票、产品型号、所用工程名称、电压等级、合同中文版本或经公证后的中文译本等相应证明文件。出口业绩电压等级往下认可最接近的电压等级。

c) 不予统计的业绩有（不限于此）：

1) 供应商与同类产品制造厂之间的业绩。

2) 产品在试验室或试验站的业绩。

3) 出口业绩的外贸合同、发票、报关单及对应产品型号等信息资料难以核实或不全的。

4) 供应商与代理商、经销商之间的供货业绩。

4 设计研发能力

4.1 技术来源与支持

查阅自主研发资料、与合作支持方的协议以及设计文件图纸等相关信息。

4.2 设计研发内容

查阅产品研发的设计、试验、关键工艺技术、质量控制方面的情况。

4.3 设计研发人员

查阅设计研发部门的机构设置及人员信息。

4.4 获得专利情况

查阅与核实产品相关的专利证书。

4.5 参与标准制（修）订情况

查阅主持或参与制（修）订并已发布的标准及相关证明材料信息。

4.6 产品获奖情况

查阅与核实产品相关的省部级及以上获奖证书的相关信息。

4.7 商业信誉

查阅企业相关国家、行业或第三方发布的综合实力、品牌等排名。

5 生产制造能力

5.1 ※生产厂房

查阅不动产权证书、土地使用权证、房屋产权证、厂房设计图纸、房屋租赁合同、用电客户编号等相关信息。

具有满足生产、装配、试验要求的厂房，厂房若为租用则提供租用合同、租赁发票、租赁方的土地使用权证、房屋产权证复印件或扫描件，具有分装和总装车间，厂房面积满足生产需要。

5.2 生产工艺

5.2.1 工艺控制文件

查阅工艺控制文件、管理体系文件等相关信息。

各工序的作业指导书、工艺控制文件齐全、统一、规范，并与现行的生产工艺一致。工艺文件中所规定的关键技术要求和技术参数不低于国家标准、电力行业标准、国家电网有限公司物资采购标准。各工艺环节中无国家明令禁止的行为。

完整的工艺文件包括外购外协件清单及检测规范、生产工序流程、过程控制工艺卡、产品出厂检验规范等。

10kV 电压等级 ADSS 光缆产品主要工序如下：

光纤着色、光纤套塑、成缆、内护层挤出、芳纶包覆及外护套挤出、出厂检验、包装储运等。

5.2.2 ※关键生产工艺控制

查阅工艺流程控制记录等相关信息。

产品工艺技术成熟、稳定。从原材料/组部件到产品入库所规定的每道工序的工艺技术能保证产品生产的需要。生产产品的各个工序按工艺文件执行，现场记录内容规范、详实，具有可追溯性。现场定置管理，有明显的标识牌，主要的生产设备的操作规程图表上墙。如现场无被核实产品生产，但具有相近类型产品生产，可通过查阅该种产品以往生产、检验等过程记录文件以确认供应商生产工艺控制执行情况。

5.3 ※生产设备

查阅设备的现场实际情况及购买发票等相关信息。

a）具有与产品生产相适应的设备，设备自有，不能租用或借用，主要生产设备有光纤着色复绕机、二次被覆生产线、成缆机、芳纶绕包设备、光缆护套生产线。

b）设备使用正常，设备上的仪器仪表具有合格的检定或校准证书，并在有效期内。建立设备管理档案（包括使用说明、台账、保养维护记录等），其维修保养等记录规范、详实，具有可追溯性。计量仪器、设备具有相应资格单位出具的有效检定证书。

5.4 生产、技术、质量管理人员

查阅人力资源部门管理文件（劳动合同、人员花名册、社保缴纳记录等），包括生产、技术、质量管理等人员数量，结合现场实际情况，观察现场人员的操作水平。

a）具有生产需要专职工作人员，且不得借用其他公司的。一线生产人员培训上岗，操作熟练。

b）具有质量管理组织机构、质量管理部门及人员。

6 试验检测能力

6.1 ※试验场所

查看试验场所现场情况。

具有与核实产品相配套的独立试验场所，与生产场所相对隔离，有明显警示标志，试验场所的面积及环境满足试验要求。

6.2 试验检测管理

查阅相关的规章制度文件、过程记录以及出厂试验报告等相关信息。

具有试验检测管理制度、操作规程、试验标准以及完整的试验原始记录，现场定置管理，有明显标识，并在操作过程中严格按照规程执行。

6.3 ※试验检测设备

查阅设备的现场实际情况及购买发票等相关信息。

a) 具有外购外协件检测设备及出厂试验必备的试验检测设备，具备完成全部出厂试验的能力，不能租用、借用其他公司的设备或委托其他单位进行出厂试验。主要试验检测设备有OTDR、卧式拉力机、立式拉力机、光纤几何参数测试仪、光纤多参数测试仪、渗水试验装置、光纤应变测试系统。

b) 设备使用正常，具有相应资格单位出具的有效检定证书；如设备为自校则提供可溯源的相关证书文件（如标准光纤的有效计量报告、自校准规程）、自校准记录（报告）、校准操作人员相应的资质证书；建立设备管理档案（包括使用说明、保养维护记录等），其维修保养等记录规范、详实，具有可追溯性。

6.4 试验检测人员

查阅人力资源部门管理文件（劳动合同、人员花名册、薪酬发放记录、社保缴纳记录等）、人员资质证书、培训记录以及现场试验能力。

具有相应数量的试验检测技术人员，试验检测人员经过培训考核持证上岗。试验人员能熟练操作试验检测设备和仪器仪表，并掌握试验方法、熟悉相应标准，能熟练和准确判断试验结果是否满足国家标准、电力行业标准、国家电网有限公司企业标准和物资采购标准要求。

6.5 ※现场抽样

6.5.1 抽查出厂试验报告

现场抽查至少两份出厂试验报告，报告规范完整、项目齐全，检测结果满足相关标准要求。出厂试验项目包括识别色谱（光纤识别色谱、松套管识别色谱）、ADSS截止波长、ADSS拉断力、外护套抗拉强度（老化前）。

6.5.2 抽样检测

原则上现场应对与被核实产品相同或相近型式的产品进行抽样检验。样品在供应商声明的合格产品中抽取，抽样检验项目一般在出厂试验项目中选取。抽样检验重点核实供应商试验方法、试验场地环境、人员操作能力、仪器设备有效性和产品性能等方面。

a) 在已具备出厂条件的产品中抽取，选取出厂试验项目中的两个项目。依据现行国家标准、行业标准进行试验，核实试验方法、试验场地环境、人员操作能力、仪器设备有效性和产品性能。

b) 现场具备检测条件，抽样试验一次性通过。

7 原材料/组部件管理

7.1 管理规章制度

查阅原材料/组部件管理规章制度。

a) 具有主要原材料/组部件供应商筛选制度，外购原材料/组部件生产厂家通过质量管理体系认证。

b) 对于直接影响产品质量的重要组部件（如光纤、芳纶、AT 护套料、光纤填充膏等）具有相应的质量控制措施（如入厂检验、原材料验收制度等）。

7.2 管理控制情况

查看原材料/组部件管理实际执行情况。

a) 采用的原材料/组部件不能有国家明令禁止的。

b) 按工艺文件所规定的技术要求和相应管理文件，根据生产计划采购，有原材料/组部件供应商的评价筛选记录。

c) 按规定进行进厂检验，验收合格后入库，检测记录完整、详实，并具有可追溯性。

d) 物资仓库有足够的存储空间和适宜的环境，实行定置管理，分类独立存放，标识清晰、正确、规范、合理。

e) 原材料/组部件使用记录内容规范、详实，并具有可追溯性。

7.3 ※现场抽查

现场检查符合以下要求：

a) 查验原材料/组部件管理规程、设计图纸、采购合同等相关信息。

b) 所采用的原材料/组部件不能有国家明令禁止的。

c) 现场随机抽查两种关键的原材料/组部件（如光纤、芳纶、AT 护套料、光纤填充膏等），查看关键原材料/组部件的采购合同、质量保证书、出厂检验报告、组部件供应商资质文件、入厂检测记录、组部件管理文件等是否齐全，并查看关键原材料/组部件的存放环境。

8 数智制造

应用互联网和物联网技术，打造"透明工厂"，生产制造、试验检验、原材料/组部件管理等信息对买方公开，接入国家电网电工装备智慧物联平台。

加强数字基础设施建设，推动数字技术与先进制造技术融合发展。供应商相关业务数据、原材料/组部件检验数据、生产过程检验数据、出厂试验数据、成品信息数据和视频数据等支持自动采集或系统推送。数据接口需保障数据完整性、正确性、安全性，具有可扩展性、通信实时性等。

具有原材料/组部件数据及检验数据接入条件，从原材料采购直至原材料检验入库过程中关键工艺主要包括：光纤、纤膏、聚乙烯护套料、耐电痕护套料数据 4 项。

具有工艺控制数据及检测数据接入条件，生产工艺流程中从着色开始直至光缆生产完毕过程中关键工艺主要包括：着色、套塑、成缆、护套数据 4 项。

具有出厂试验数据接入条件。

具有视频接入条件，设备视频数据采集包括着色、套塑、成缆、护套 4 个区域。

9 绿色发展

查看供应商资源能源消耗情况、战略体系、绿色认证及其他支撑材料，包括：

a) 相关油、水、气、煤及电力、热力等能源消耗，建立能源利用统计报表制度，分析生产经营环节能源利用情况。

b) 相关绿色工厂认证、绿色产品标识、绿色供应链管理等相关资质文件。

c) 将绿色发展理念融入战略体系中，并形成明确的绿色发展目标，制定详实且具有操作性的实施路径。

d) 建立、实施并保持支撑企业绿色低碳发展的绿色管理体系情况，包括但不限于能源管理体系、碳排放管理体系、能源计量管理体系等。

e) 使用无害原材料，禁止使用国家明令禁止的淘汰设备、工艺技术等，并应用国家鼓励的节能设备与先进工艺技术情况。

f) 建立完善的绿色采购管理制度，推广绿色包装材料应用，并建立系统的循环利用体系，实施绿色制造情况。

g) 生产环节的大气污染物排放、水体污染物排放、固体废弃物排放、噪声排放等基础排放符合相关国家标准及地方标准要求情况。

10 售后服务及产能

查阅管理文件、组织机构设置、人员档案以及售后服务记录等相关信息。

通过现场实际情况及供应商提供的产能计算报告，根据产品生产的瓶颈进行判断，应符合附录 B。

本文件中所有核实内容都将对供应商参与招投标活动有重要影响，其中标记"※"的内容是以往招标必备项的要求，也是重点核实内容，其他未标记"※"的为一般核实内容。

附　录　A

检　测　项　目

10kV ADSS 光缆（全介质自承式光缆）试验检测项目包括：

a) 光缆结构完整性及外观。

b) 识别色谱（光纤识别色谱、松套管识别色谱）。

c) 光缆结构尺寸［ADSS 内垫层、内护层（选做）和外护套的厚度、缆芯结构］。

d) 光缆标志（标志的完整性和可识别性、标志的牢固性、计米长度误差）。

e) 光纤模场直径和尺寸参数。

f) 光纤截止波长和传输特性［截止波长、衰减系数、衰减点不连续性、衰减波长特性（选做）、色散］。

g) 外护套性能［热老化前后的拉伸强度和断裂伸率（A 级护套）、热老化前的拉伸强度和断裂伸率（B 级护套）、热收缩率（A 级护套）、耐环境应力开裂］。

h) 光缆的机械性能［抗拉性能、拉伸试验、压扁、冲击、反复弯曲、扭转、外护套磨损、微风（风激）振动、舞动试验、过滑轮试验、蠕变试验］。

i) 光缆的环境性能［衰减温度特性、热老化性能、滴流性能、阻水性能、阻燃性能（仅适用于阻燃光缆）、低温下弯曲性能、低温下冲击性能、光缆抗紫外线性能、耐电痕性能（B 级护套）］。

附 录 B
电力光缆产能计算方法

10kV ADSS 光缆（全介质自承式光缆）产能计算方法应符合表 B.1。

表 B.1　电力光缆产能计算方法

产品类别	瓶颈设备	瓶颈设备生产速度（m/min）	日工作时长（h）	日产能（m）	年工作天数（日）	年产能（km）
ADSS	芳纶绕包设备	40	24	57600	300	17280

10kV 交流绝缘子供应商资质能力信息核实规范

目　次

10kV 交流绝缘子供应商资质能力信息核实规范

1 范围

本文件规定了国家电网有限公司对绝缘子产品供应商的资质条件以及制造能力信息进行核实的依据。

本文件适用于国家电网有限公司 10kV 电压等级交流绝缘子产品供应商的信息核实工作。包括：

a) 架空线路用棒形悬式复合绝缘子。

b) 架空线路用盘形悬式瓷、玻璃绝缘子。

c) 支柱瓷绝缘子。

d) 支柱复合绝缘子。

e) 针式瓷绝缘子。

f) 针式复合绝缘子。

g) 拉紧瓷绝缘子。

h) 线路柱式瓷绝缘子。

i) 线路柱式复合绝缘子。

j) 蝶式瓷绝缘子。

2 规范性引用文件

下列文件中的内容通过文中的规范性引用而构成本文件必不可少的条款。其中，注日期的引用文件，仅该日期对应的版本适用于本文件；不注日期的引用文件，其最新版本（包括所有的修改单）适用于本文件。

GB 311.1—2012 绝缘配合 第 1 部分：定义、原则和规则

GB/T 772—2005 高压绝缘子瓷件 技术条件

GB/T 1001.1—2021 标称电压高于 1000V 的架空线路绝缘子 第 1 部分：交流系统用瓷或玻璃绝缘子元件 定义、试验方法和判定准则

GB/T 4056—2019 绝缘子串元件的球窝联接尺寸

GB/T 7253—2019 标称电压高于 1000V 的架空线路绝缘子 交流系统用瓷或玻璃绝缘子元件 盘形悬式绝缘子元件的特性

GB/T 8287.1—2008 标称电压高于 1000V 系统用户内和户外支柱绝缘子 第 1 部分：瓷或玻璃绝缘子的试验

GB/T 8287.2—2008 标称电压高于 1000V 系统用户内和户外支柱绝缘子 第 2 部

分：尺寸与特性

GB/T 19519—2014 架空线路绝缘子 标称电压高于 1000V 交流系统用悬垂和耐张复合绝缘子定义、试验方法及接收准则

GB/T 20142—2006 标称电压高于 1000V 的交流架空线路用线路柱式复合绝缘子定义、试验方法及接收准则

GB/T 20642—2006 高压线路绝缘子空气中冲击击穿试验

GB/T 21206—2007 线路柱式绝缘子特性

GB/T 21421.2—2014 标称电压高于 1000V 的架空线路用复合绝缘子串元件 第 2 部分：尺寸与特性

GB/T 22708—2008 绝缘子串元件的热机和机械性能试验

GB/T 22709—2008 架空线路玻璃和瓷绝缘子串元件绝缘体机械破损后的残余强度

GB/T 25096—2010 交流电压高于 1000V 变电站用电站支柱复合绝缘子 定义、试验方法及接收准则

GB/T 25317—2010 绝缘子串元件的槽型连接尺寸

GB/T 25318—2019 绝缘子串元件球窝联接用锁紧销 尺寸和试验

DL/T 1000.3—2015 标称电压高于 1000V 架空线路用绝缘子使用导则 第 3 部分：交流系统用棒形悬式复合绝缘子

DL/T 1048—2021 电力系统站用支柱复合绝缘子——定义、试验方法及接收准则

DL/T 376—2019 聚合物绝缘子伞裙和护套用绝缘材料通用技术条件

JB/T 8177—1999 绝缘子金属附件热镀锌层通用技术条件

JB/T 8178—1999 悬式绝缘子铁帽 技术条件

JB/T 9673—1999 绝缘子 产品包装

JB/T 4307—2004 绝缘子胶装用水泥胶合剂

JB/T 9677—1999 盘形悬式绝缘子钢脚

JB/T 9678—2012 盘形悬式绝缘子用钢化玻璃绝缘件外观质量

JB/T 9683—2012 绝缘子产品型号编制方法

JB/T 5896—1991 常用绝缘子术语

JB/T 10585.1—2006 低压电力线路绝缘子 第 1 部分：低压架空电力线路绝缘子

国家电网有限公司材料类物资采购标准（2019 年版）绝缘子卷

国家电网有限公司材料类物资采购标准（2019 年版）支柱绝缘子卷

3 资质信息

3.1 企业信息

3.1.1 ※基本信息

查阅营业执照。

供应商为中华人民共和国境内依法注册的法人或其他组织。

3.1.2 法定代表人/负责人信息

查阅法定代表人/负责人身份证（或护照）。

3.1.3 财务信息

查阅审计报告、财务报表，其中审计报告为具有资质的第三方机构出具。

3.1.4 资信等级证明

查阅银行或专业评估机构出具的证明。

3.1.5 注册资本和股本结构

查阅验资报告。

3.2 报告证书

3.2.1 ※检测报告

查阅检测报告、送样样品生产过程记录以及其他支撑资料。

a) 检测报告出具机构为国家授权的专业检测机构或者国际专业权威机构。境内检测机构具有计量认证证书（CMA）及中国合格评定国家认可委员会颁发的实验室认可证书（CNAS），且证书附表检测范围涵盖所核实产品。

b) 检测报告的委托方和产品制造方是供应商自身。

c) 检测产品类型与被核实的产品一致。

d) 国家标准、行业标准规定的检测报告有效期有差异的，以有效期短的为准；国家标准、行业标准均未明确检测报告有效期的，检测报告有效期按长期有效认定。

e) 产品的检测报告符合相应的国家标准、行业标准、国家电网有限公司物资采购标准规定的试验项目和试验数值的要求，试验报告项目应符合附录A。

f) 产品在设计、材料或制造工艺改变或者产品转厂生产或异地生产时，重新进行相应的型式试验。

g) 外文报告必须提供经公证的中文译本。

3.2.2 鉴定证书

查阅鉴定证书。

3.2.3 ※管理体系认证

查阅管理体系认证证书。具有质量管理体系证书，证书在有效期内，有定期年检记录且认证范围涵盖被核实产品。

3.3 产品业绩

查阅供货合同及相对应的合同销售发票。

a) 合同的供货方和实际产品的生产方均为供应商自身。

b) 出口业绩提供报关单、中文版本或经公证后的中文译本合同，业绩电压等级与国内不同时，往下取国内最接近的电压等级。

c) 不予统计的业绩有（不限于此）：

　　1) 与同类产品制造厂之间的业绩。

　　2) 作为元器件、组部件的业绩。

3) 产品在试验室或试验站的业绩。

4) 供应商与经销商、代理商之间的业绩（出口业绩除外）。

4 设计研发能力

4.1 技术来源与支持

查阅与合作支持方的协议以及设计文件图纸等相关信息。

4.2 设计研发内容

查阅产品研发的设计、试验、关键工艺技术、质量控制方面的情况。

4.3 设计研发人员

查阅设计研发部门的机构设置及人员信息。

4.4 设计研发工具

查阅实际研发设计工具等相关信息。

4.5 获得专利情况

查阅与产品相关的专利证书。

4.6 参与标准制（修）订情况

查阅主持或参与制（修）订并已发布的标准及相关证明材料信息。

4.7 产品获奖情况

查阅与产品相关的省部级及以上获奖证书的相关信息。

4.8 商业信誉

查阅企业相关国家、行业或第三方发布的综合实力、品牌等排名。

5 生产制造能力

5.1 ※生产厂房

查阅不动产权证书、土地使用权证、房屋产权证、厂房设计图纸、房屋租赁合同、用电客户编号等相关信息。

具有与产品相配套的厂房，厂房为自有或长期租赁，厂房面积、洁净程度满足生产需要。

5.2 生产工艺

5.2.1 工艺控制文件

查阅工艺控制文件、管理体系文件等相关信息。

各工序的作业指导书、工艺控制文件齐全、统一、规范，并与现行的生产工艺一致。其工艺文件中所规定的关键技术要求和技术参数满足国家标准、电力行业标准、国家电网有限公司物资采购标准的要求。各工艺环节中无国家明令禁止的行为。

5.2.2 ※关键生产工艺控制

查阅工艺流程控制记录等相关信息。

产品工艺技术成熟、稳定。从原材料/组部件到产品入库所规定的每道工序的工艺技术能保证产品生产的需要。生产产品的各个工序按工艺文件执行，现场记录内容规范、详实，具有可追溯性。现场定置管理，有明显的标识牌，主要的生产设备的操作规程图表上墙。产品主体部分（铁心、线圈等）自行生产。

5.3　※生产设备

查阅设备的现场实际情况及购买发票等相关信息。

a)　具有与产品生产相适应的设备，生产设备应符合附录 B，设备自有，不能租用、借用其他公司的设备，且使用情况良好。

b)　设备使用正常，设备上的计量仪器仪表具有有效期内的检定证书或校准证书。

5.4　生产、技术、质量管理人员

查阅人力资源部门管理文件（如劳动合同、人员花名册、社保证明等），包括生产、技术、质量管理等人员数量。结合现场实际情况，观察现场人员的操作水平。

a)　具有满足生产需要的专职生产人员及技术人员。一线生产人员培训上岗，操作熟练。

b)　具有质量管理组织机构、质量管理部门及人员。

6　试验检测能力

6.1　※试验场所

查看试验场所现场情况。

具有与试验产品相配套的试验场所，试验场所若为租用则提供有长期租用合同，且试验场所环境满足试验要求。

6.2　试验检测管理

查阅相关的规章制度文件、原始记录以及出厂试验报告等相关信息。

具有试验室管理制度、操作规程、试验标准，并在操作过程中严格按照规程执行。

6.3　※试验检测设备

查阅设备的现场实际情况及购买发票等相关信息。

a)　具有满足全部出厂试验项目的设备，试验检测设备应符合附录 C，不能租用、借用其他公司的设备或委托其他单位进行出厂试验。

b)　设备使用正常，具有相应资格单位出具的有效期内的检定证书或校准证书。

6.4　※试验检测人员

查阅人力资源部门管理文件（如劳动合同、人员花名册等）、人员资质证书以及培训记录。

试验人员能独立完成试验，操作熟练，能理解并掌握相关国家标准、电力行业标准和国家电网有限公司物资采购标准的有关规定，并具有一定的试验结果分析能力。高电压试验人员至少有两人，经过考核培训持证上岗。

6.5　现场抽样

6.5.1　抽查出厂试验报告及原始记录

抽查出厂试验报告，出厂试验报告记录完整、正确，存档管理。

6.5.2 ※抽样检测

原则上现场应对与被核实产品相同或相近型式的产品进行抽样检验。样品应在供应商声明的合格产品中抽取，抽样检验项目一般在出厂试验项目中选取。抽样检验重点核实供应商试验方法、试验场地环境、人员操作能力、仪器设备有效性和产品性能等方面。

抽样检测应符合以下要求：

a） 现场抽样仅对具有有效型式试验报告的产品进行抽样试验，抽样试验检测设备的计量检定证书在有效期内。

b） 现场随机抽取产品型号和种类具有代表性，产品数量满足抽样检测要求，试验结果满足国家标准、行业标准和国家电网有限公司物资采购标准并一次性通过。

c） 现场抽样试验项目、试品数量应符合附录 D。

d） 现场具备检测条件，抽样试验应一次性通过。

7 原材料/组部件管理

7.1 管理规章制度

查阅原材料/组部件管理规章制度。

a） 具有进厂检验制度或标准，具有原材料/组部件管理制度。

b） 具有主要原材料/组部件供应商筛选制度。

7.2 管理控制情况

原材料/组部件使用现场记录内容规范、详实，具有可追溯性。

a） 设计采用的原材料/组部件不能有国家明令禁止的。

b） 按工艺文件所规定的技术要求和相应管理文件，根据生产计划采购。主要原材料/组部件供应商变更有相应的报告并在相关工艺文件中说明。

c） ※按质量管理程序规定进行进厂检验，验收合格后入库。

d） 分类独立存放，物资仓库有足够的存储空间和适宜的环境，实行定置管理，标识清晰、正确、规范、合理。

e） 原材料/组部件使用现场记录内容规范、详实，并具有可追溯性。

8 数智制造

应用互联网和物联网技术，打造"透明工厂"，生产制造、试验检验、原材料/组部件管理等信息对买方公开，接入国家电网电工装备智慧物联平台。

加强数字基础设施建设，推动数字技术与先进制造技术融合发展。供应商相关业务数据、原材料/组部件检验数据、生产过程检验数据、出厂试验数据、成品信息数据和视频数据等支持自动采集或系统推送。数据接口需保障数据完整性、正确性、安全性，具有可扩展性、通信实时性等。

具有原材料/组部件数据及检验数据接入条件，从原材料采购直至原材料检验入库过程中关键工艺主要包括：

a） 盘形悬式瓷绝缘子：高温氧化铝或矾土、黏土、铁帽、钢脚、水泥 5 项。

b) 盘形悬式玻璃绝缘子：石英砂、铁帽、钢脚、水泥 4 项。

c) 棒形悬式复合绝缘子：混炼胶、芯棒、端部金属附件 3 项。

具有工艺控制数据及检测数据接入条件，生产工艺流程中关键工艺主要包括：

a) 盘形悬式瓷绝缘子：真空炼泥、烧成、瓷件检验、胶装养护、逐个检验 5 项。

b) 盘形悬式玻璃绝缘子：熔制、钢化、冷热冲击、均质处理、胶装养护、逐个检验 6 项。

c) 棒形悬式复合绝缘子：压接、整体注射/挤包穿伞成型、例行拉力 3 项。

具有出厂试验数据接入条件，关键试验流程包括：

a) 盘形悬式瓷绝缘子、盘形悬式玻璃绝缘子：尺寸检查、机电破坏负荷试验、击穿耐受试验、残余机械强度试验 4 项。

b) 棒形悬式复合绝缘了：尺寸检查、端部装配件与伞套间界面的密封检查、规定机械负荷验证、陡波前冲击耐受电压试验、护套厚度检查 5 项。

具有视频接入条件，设备视频数据采集应包括：

a) 盘形悬式瓷绝缘子：瓷件检验、逐个检验、机电破坏负荷试验、击穿耐受试验 4 个区域。

b) 盘形悬式玻璃绝缘子：成型、胶装养护、逐个检验、机械破坏负荷试验、击穿耐受试验 5 个区域。

c) 棒形悬式复合绝缘子：成型、压接、规定机械负荷验证、陡波前冲击耐受电压试验 4 个区域。

9 绿色发展

查看供应商资源能源消耗情况、战略体系、绿色认证及其他支撑材料，包括：

a) 相关油、水、气、煤及电力、热力等能源消耗，建立能源利用统计报表制度，分析生产经营环节能源利用情况。

b) 相关绿色工厂认证、绿色产品标识、绿色供应链管理等相关资质文件。

c) 将绿色发展理念融入战略体系中，并形成明确的绿色发展目标，制定详实且具有操作性的实施路径。

d) 建立、实施并保持支撑企业绿色低碳发展的绿色管理体系情况，包括但不限于能源管理体系、碳排放管理体系、能源计量管理体系等。

e) 使用无害原材料，禁止使用国家明令禁止的淘汰设备、工艺技术等，并应用国家鼓励的节能设备与先进工艺技术情况。

f) 建立完善的绿色采购管理制度，推广绿色包装材料应用，并建立系统的循环利用体系，实施绿色制造情况。

g) 生产环节的大气污染物排放、水体污染物排放、固体废弃物排放、噪声排放等基础排放符合相关国家标准及地方标准要求情况。

10 售后服务及产能

查阅管理文件、组织机构设置、人员档案以及售后服务记录等相关信息。

产能情况通过现场实际情况及供应商提供的产能计算报告，根据产品生产的瓶颈进行判断。

产能瓶颈环节：通过现场实际情况及供应商提供的产能计算报告，根据产品生产的瓶颈进行判断。不同产品的产能瓶颈主要考虑以下设备和工装情况：

a) 复合绝缘子：注射成型机或模压成型机或挤包穿伞机数量及穿伞工序的工位和工人熟练程度。

b) 瓷绝缘子：窑炉的容积、数量及胶装生产线。

c) 玻璃绝缘子：玻璃件熔炉和成型生产线能力、胶装线（或胶装装置）的数量。

本文件中所有核实内容都将对供应商参与招投标活动有重要影响，其中标记"※"的内容是以往招标必备项的要求，也是重点核实内容，其他未标记"※"的为一般核实内容。

附 录 A
试验报告包含试验项目

A.1 架空线路用复合绝缘子

架空线路用复合绝缘子试验报告包含试验项目：

a) ※设计试验。

    1) 界面和金属附件连接区试验。

    2) 装配好的芯棒的负荷—时间试验。

    3) 伞套试验：起痕和蚀损试验。

    4) 芯棒材料试验：染料渗透和水的扩散。

    5) 伞套材料可燃性试验。

    6) 伞套材料耐漏电起痕及电蚀损性试验。

b) ※型式试验。

    1) 干雷电冲击耐受电压试验。

    2) 湿工频耐受电压试验。

    3) 机械负荷—时间试验和金属附件与绝缘伞套间界面的渗透性试验。

    4) 规定机械负荷试验。

c) ※抽样试验。

    1) 尺寸检查。

    2) 锁紧系统的检查。

    3) 验证金属附件和伞套间界面的渗透性（E_2）和验证规定机械负荷 SML（E_1）。

    4) 镀锌层试验。

    5) 陡波前冲击耐受电压试验。

d) ※逐个试验。

    1) 外观检查。

    2) 拉伸负荷试验。

A.2 盘形悬式绝缘子

盘形悬式绝缘子试验报告包含试验项目：

a) ※型式试验。

    1) 尺寸、爬电距离和量规检查。

    2) 雷电冲击干耐受电压试验。

    3) 湿工频耐受电压试验。

    4) 机械破坏负荷试验（仅对玻璃绝缘子）。

    5) 机电破坏负荷试验（仅对瓷绝缘子）。

6）热机性能试验。

7）工频击穿电压试验。

b） ※抽样试验。

1）温度循环试验。

2）机械破坏负荷试验（仅对玻璃绝缘子）。

3）机电破坏负荷试验（仅对瓷绝缘子）。

4）孔隙性试验（仅对瓷绝缘子）。

5）热震试验（仅对玻璃绝缘子）。

6）镀锌层试验。

7）工频击穿电压试验。

8）锁紧销操作试验（仅适用球形联结）。

9）尺寸检查。

10）偏差检查。

c） ※逐个试验。

1）外观检查。

2）工频火花试验（仅对瓷绝缘子）。

3）机械试验。

A.3 支柱复合绝缘子

支柱复合绝缘子试验报告包含试验项目：

a） ※设计试验。

1）界面和金属附件连接区试验。

2）装配好的芯棒的负荷—时间试验。

3）伞和伞套材料试验。

4）芯体材料试验。

5）伞套材料耐漏电起痕和电蚀损性试验。

b） ※型式试验。

1）尺寸检查。

2）电气试验。

    i. 干雷电冲击电压试验。

    ii. 工频湿耐受电压试验。

3）机械试验。

    i. 弯曲破坏负荷试验。

    ii. 规定拉伸负荷试验。

c） ※抽样试验。

1）尺寸检查。

2）镀锌层试验。

    3）规定机械负荷验证试验。

        i. 弯曲负荷试验。

        ii. 拉伸负荷试验。

        iii.弯曲破坏负荷试验。

d）※逐个试验。

    1）外观检查。

    2）拉伸负荷试验。

    3）电站支柱复合绝缘子的标识。

A.4　支柱瓷绝缘子/线路柱式瓷绝缘子

支柱瓷绝缘子/线路柱式瓷绝缘子试验报告包含试验项目：

a）※型式试验。

    1）雷电冲击干耐受电压试验。

    2）工频湿耐受电压试验。

    3）机械破坏负荷试验。

    4）尺寸检查。

b）※抽样试验。

    1）尺寸检查。

    2）温度循环试验。

    3）机械破坏负荷试验。

    4）孔隙性试验。

    5）镀锌层试验。

c）※逐个试验。

    1）高度检查（仅支柱瓷绝缘子适用）。

    2）外观检查。

    3）机械试验。

A.5　线路柱式复合绝缘子

线路柱式复合绝缘子试验报告包含试验项目：

a）※设计试验。

    1）界面和金属附件连接区试验。

    2）装配好的芯棒的负荷—时间试验。

    3）伞套试验：起痕和蚀损试验。

    4）芯棒材料试验。

    5）伞套材料耐漏电起痕及电蚀损性试验。

b）※型式试验。

    1）尺寸检查。

2) 电气试验。

i. 干雷电冲击耐受电压试验。

ii. 湿工频耐受电压试验。

3) 机械试验。弯曲破坏负荷试验。

c) ※抽样试验。

1) 尺寸检查。

2) 镀锌层试验。

3) 额定弯曲负荷验证试验。

d) ※逐个试验。

1) 拉伸负荷试验。

2) 外观检查。

A.6 针式瓷绝缘子

针式瓷绝缘子试验报告包含试验项目：

a) ※型式试验。

1) 尺寸检查。

2) 雷电冲击耐受电压试验。

3) 工频湿耐受电压试验。

4) 机械破坏负荷试验。

b) ※抽样试验。

1) 尺寸检查。

2) 镀锌层试验。

3) 机械破坏负荷试验。

4) 温度循环试验。

5) 击穿耐受试验。

6) 孔隙性试验。

c) ※逐个试验。

1) 工频火花试验。

2) 外观检查。

A.7 低压架空电力线路绝缘子（蝶式绝缘子）

低压架空电力线路绝缘子（蝶式绝缘子）试验报告包含试验项目：

a) ※型式试验。

1) 外观、尺寸检查。

2) 形状和位置偏差检查。

3) 工频干闪络电压试验。

4) 弯曲破坏负荷试验。

129

   5） 工频湿闪络电压试验。

   6） 温度循环试验。

   7） 孔隙性试验。

 b） ※抽样试验。

   1） 尺寸检查。

   2） 形状和位置偏差检查。

   3） 温度循环试验。

   4） 弯曲破坏负荷试验。

   5） 孔隙性试验。

 c） ※逐个试验。

   1） 外观、尺寸检查。

   2） 形状和位置偏差检查。

附 录 B
生 产 设 备

B.1 复合绝缘子

复合绝缘子生产设备包括:

a) ※芯棒切割机。

b) ※压接机。

c) ※相应模具。

d) ※成型设备或挤包穿伞设备。

e) 自行炼胶的供应商具有真空捏合机、密炼机、开炼机。

B.2 瓷绝缘子

瓷绝缘子生产设备包括:

a) ※球磨机。

b) ※振动筛。

c) ※除铁器。

d) ※榨泥机。

e) ※真空炼泥机。

f) ※成形装备。

g) ※上釉设备。

h) ※干燥装备。

i) ※窑炉。

j) 胶合剂配制装置。

k) 胶装装置。

l) 养护设备。

B.3 玻璃绝缘子

玻璃绝缘子生产设备包括:

a) ※配料称量系统。

b) ※混料机。

c) ※加料机。

d) ※玻璃熔炉及控制系统。

e) ※玻璃压机。

f) ※钢化机。

g)　※冷热冲击生产线。

h)　胶合剂配制装置。

i)　胶装装置。

j)　养护设备。

附 录 C
试 验 检 测 设 备

C.1 架空线路复合绝缘子、柱式复合绝缘子

架空线路复合绝缘子、柱式复合绝缘子试验检测设备包括：

a) ※工频试验成套装置。

b) ※机械负荷试验装置。

c) 尺寸检查器具、量规。

d) ※锁紧销操作试验装置。

e) ※锌层测厚仪。

f) ※抗弯试验机（仅对柱式复合绝缘子）。

g) 陡波冲击试验装置。

h) 冲击电压发生器。

i) 憎水性测试装置。

j) 芯棒渗透试验设备。

k) 芯棒水扩散试验设备。

C.2 盘形悬式瓷绝缘子

盘形悬式瓷绝缘子试验检测设备包括：

a) ※工频火花试验装置。

b) ※机电负荷试验装置。

c) ※工频击穿电压试验装置。

d) ※孔隙性试验装置。

e) ※温度循环试验装置。

f) ※锁紧销试验装置。

g) ※锌层厚度测量仪。

h) 尺寸检查器具、量规。

C.3 盘形悬式玻璃绝缘子

盘形悬式玻璃绝缘子试验检测设备包括：

a) ※热震试验装置。

b) ※轴向、径向偏移检查装置。

c) ※工频击穿电压试验装置。

d) ※机械负荷试验装置。

e） ※锁紧销试验装置。

f） ※锌层厚度测量仪。

g） 尺寸检查器具、量规。

h） ※温度循环试验装置。

C.4 支柱瓷绝缘子、拉紧瓷绝缘子、针式瓷绝缘子、蝶式绝缘子

支柱瓷绝缘子、拉紧瓷绝缘子、针式瓷绝缘子、蝶式绝缘子试验检测设备包括：

a） ※工频击穿电压试验装置。

b） ※孔隙性试验装置。

c） ※温度循环试验装置。

d） ※机械负荷试验装置。

e） ※尺寸及形位公差测试平台。

f） ※锌层厚度测定仪。

注：带※的为主要试验检测设备。

附 录 D
现场抽样试验项目、试品数量

D.1 架空线路复合绝缘子

架空线路复合绝缘子现场抽样试验项目、试品数量符合以下要求：

a）试品数量。

现场随机抽样试品 4 支，其中样本数量 $E_1 = 3$、$E_2 = 1$，母本数量应不少于被抽样试品数量的 2 倍。芯棒直径相同、机械强度等级不同的绝缘子，高机械强度等级产品的试验可以覆盖低机械强度等级产品的试验。

b）抽样试验项目应符合表 D.1。

表 D.1 架空线路复合绝缘子抽样试验项目

项目序号	试验项目名称	试验依据	抽样数量（支）	接收判据
1	尺寸、爬距及量规检查	GB/T 19519—2014	$E_1 + E_2$	GB/T 19519—2014 及图样
2	镀锌层试验	GB/T 19519—2014	E_2	GB/T 19519—2014
3	锁紧系统检查	GB/T 19519—2014	E_2	GB/T 19519—2014
4	验证金属附件和绝缘伞套界面的渗透性	GB/T 19519—2014	E_2	GB/T 19519—2014
5	1min 额定机械负荷耐受试验	GB/T 19519—2014	E_1	GB/T 19519—2014
6	机械负荷破坏试验	GB/T 19519—2014	E_1	GB/T 19519—2014

D.2 盘形悬式瓷、玻璃绝缘子

盘形悬式瓷、玻璃绝缘子现场抽样试验项目、试品数量符合以下要求：

a）试品数量。

现场随机抽样试品 3 只，其中样本数量 $E_1 = 2$、$E_2 = 1$，母本数量应不少于被抽样试品数量的 2 倍。

b）抽样试验项目应符合表 D.2。

表 D.2 盘形悬式瓷、玻璃绝缘子抽样试验项目

项号	试验名称	试验依据	抽样数量（只）		接收判据
			瓷	玻璃	
1	尺寸检查	GB/T 1001.1—2021	$E_1 + E_2$	$E_1 + E_2$	GB/T 1001.1—2021、GB/T 4056—2019、GB/T 25317—2010

表 **D**.2（续）

项号	试验名称	试验依据	抽样数量（只）		接收判据
			瓷	玻璃	
2	偏差检查	GB/T 1001.1—2021	E_1+E_2	E_1+E_2	GB/T 1001.1—2021
3	锁紧销检查	GB/T 1001.1—2021	E_2	E_2	GB/T 1001.1—2021、GB/T 25318—2019
4	温度循环试验	GB/T 1001.1—2021	E_1+E_2	E_1	GB/T 1001.1—2021
5	机电破坏负荷试验	GB/T 1001.1—2021	E_1	—	GB/T 1001.1—2021
6	机械破坏负荷试验	GB/T 1001.1—2021	—	E_1	GB/T 1001.1—2021
7	热震试验	GB/T 1001.1—2021	—	E_2	GB/T 1001.1—2021
8	工频击穿电压试验	GB/T 1001.1—2021	E_2	E_2	GB/T 1001.1—2021、GD/T 20642 2006
9	孔隙性试验	GB/T 1001.1—2021	E_1	—	GB/T 1001.1—2021
10	镀层试验	GB/T 1001.1—2021	E_2	E_2	GB/T 1001.1—2021

D.3 支柱复合绝缘子

支柱复合绝缘子现场抽样试验项目、试品数量符合以下要求：

a）试品数量。

现场随机抽样试品 3 支，其中样本数量 $E_1=2$、$E_2=1$，母本数量应不少于被抽样试品数量的 2 倍。

b）现场抽样试验项目应符合表 D.3。

表 **D**.3　支柱复合绝缘子抽样试验项目

项目序号	试验项目名称	试验依据	抽样数量（支）	接收判据
1	尺寸及形位公差检查	GB/T 25096—2010	E_1+E_2	GB/T 25096—2010
2	镀锌层试验	GB/T 25096—2010	E_1+E_2	GB/T 25096—2010
3	额定弯曲负荷（SCL）验证试验	GB/T 25096—2010	$E_{1/2}$	GB/T 25096—2010
	弯曲破坏负荷试验	GB/T 25096—2010	$E_{1/2}$	GB/T 25096—2010
	额定拉伸负荷（STL）验证试验	GB/T 25096—2010	$E_{1/2}$	GB/T 25096—2010

D.4 支柱瓷绝缘子

支柱瓷绝缘子现场抽样试验项目、试品数量符合以下要求：

a）试品数量。

现场随机抽样试品 3 支，其中样本数量 $E_1=2$、$E_2=1$，母本数量应不少于被抽样试品数量的 2 倍。

b）抽样试验项目应符合表 D.4。

表 D.4　支柱瓷绝缘子抽样试验项目

项目序号	试验项目名称	试验依据	抽样数量（支）	接收判据
1	尺寸及形位公差检查	GB/T 8287.1—2008	E_1+E_2	GB/T 8287.1—2008
2	镀锌层试验	GB/T 8287.1—2008	E_1+E_2	GB/T 8287.1—2008
3	温度循环试验	GB/T 8287.1—2008	E_1+E_2	GB/T 8287.1—2008
4	孔隙性试验	GB/T 8287.1—2008	E_1	GB/T 8287.1—2008
5	机械破坏负荷试验	GB/T 8287.1—2008	E_1	GB/T 8287.1—2008

D.5　线路柱式复合绝缘子

线路柱式复合绝缘子现场抽样试验项目、试品数量符合以下要求：

a）试品数量。

现场随机抽样试品 3 支，其中样本数量 $E_1=2$、$E_2=1$，母本数量应不少于被抽样试品数量的 2 倍。

b）抽样检测项目应符合表 D.5。

表 D.5　线路柱式复合绝缘子抽样检测项目

项号	试验名称	试验依据	抽样数量（支）	接收判据
1	尺寸检查	GB/T 20142—2006	E_1+E_2	GB/T 20142—2006
2	镀锌层试验	GB/T 20142—2006	E_2	JB/T 8177—1999
3	额定弯曲负荷试验	GB/T 20142—2006	E_1	GB/T 20142—2006

D.6　针式瓷绝缘子

针式瓷绝缘子现场抽样试验项目、试品数量符合以下要求：

a）试品数量。

现场随机抽样试品 12 支，其中样本数量 $E_1=8$、$E_2=4$，母本数量应不少于被抽样试品数量的 2 倍。

b）抽样试验项目应符合表 D.6。

表 D.6　针式瓷绝缘子抽样试验项目

序号	试验名称	试验依据	抽样数量（支）	接收判据
1	尺寸及形位公差检查	GB/T 1001.1—2021	E_1+E_2	GB/T 1001.1—2021
2	温度循环试验	GB/T 1001.1—2021	E_1+E_2	GB/T 1001.1—2021
3	机械破坏负荷试验	GB/T 1001.1—2021	E_1	GB/T 1001.1—2021
4	孔隙性试验	GB/T 1001.1—2021	E_1	GB/T 1001.1—2021
5	镀锌层试验	GB/T 1001.1—2021	E_2	GB/T 1001.1—2021
6	工频击穿耐受试验	GB/T 1001.1—2021	E_2	GB/T 1001.1—2021

D.7 线路柱式瓷绝缘子

线路柱式瓷绝缘子现场抽样试验项目、试品数量符合以下要求：

a）试品数量。

现场随机抽样试品 3 支，其中样本数量 $E_1=2$、$E_2=1$，母本数量应不少于被抽样试品数量的 2 倍。

b）抽样试验项目应符合表 D.7。

表 D.7 线路柱式瓷绝缘子抽样试验项目

序号	试验名称	试验依据	抽样数量（支）	接收判据
1	尺寸检查	GB/T 1001.1—2021	E_2	GB/T 1001.1—2021、GB/T 21206—2007
2	温度循环试验	GB/T 1001.1—2021	E_1+E_2	GB/T 1001.1—2021
3	机械破坏负荷试验	GB/T 1001.1—2021	E_1	GB/T 1001.1—2021
4	孔隙性试验	GB/T 1001.1—2021	E_1	GB/T 1001.1—2021
5	镀锌层试验	GB/T 1001.1—2021	E_2	GB/T 1001.1—2021

D.8 低压架空电力线路绝缘子（蝶式绝缘子）

低压架空电力线路绝缘子（蝶式绝缘子）现场抽样试验项目、试品数量符合以下要求：

a）试品数量。

现场随机抽样试品 3 支，其中样本数量 $E_1=2$、$E_2=1$，母本数量应不少于被抽样试品数量的 2 倍。

b）抽样试验项目应符合表 D.8。

表 D.8 低压架空电力线路绝缘子（蝶式绝缘子）抽样试验项目

序号	试验名称	试验依据	抽样数量（支）	接收判据
1	尺寸检查	JB/T 10585.1—2006	E_2	JB/T 10585.1—2006
2	形状和位置偏差检查	JB/T 10585.1—2006	E_1	JB/T 10585.1—2006
3	温度循环试验	JB/T 10585.1—2006	E_1+E_2	JB/T 10585.1—2006
4	弯曲破坏负荷试验	JB/T 10585.1—2006	E_1	JB/T 10585.1—2006
5	孔隙性试验	JB/T 10585.1—2006	E_1	JB/T 10585.1—2006
6	角钢机械强度试验	JB/T 10585.1—2006	E_1	JB/T 10585.1—2006

10kV 及以下线路金具供应商资质能力信息核实规范

目　次

10kV 及以下线路金具供应商资质能力信息核实规范

1 范围

本文件规定了国家电网有限公司对 10kV 及以下线路金具产品供应商的资质条件以及制造能力信息进行核实的依据。

本文件适用于国家电网有限公司 10kV 及以下线路金具产品供应商的信息核实工作。包括：

a）10kV 及以下电压等级悬垂线夹；

b）10kV 及以下电压等级耐张线夹；

c）10kV 及以下电压等级连接金具；

d）10kV 及以下电压等级接续金具；

e）10kV 及以下电压等级防护金具。

2 规范性引用文件

下列文件中的内容通过文中的规范性引用而构成本文件必不可少的条款。其中，注日期的引用文件，仅该日期对应的版本适用于本文件；不注日期的引用文件，其最新版本（包括所有的修改单）适用于本文件。

GB/T 470—2008　锌锭

GB/T 699—2015　优质碳素结构钢

GB/T 700—2006　碳素结构钢

GB/T 1173—2013　铸造铝合金

GB/T 1196—2017　重熔用铝锭

GB/T 1591—2018　低合金高强度结构钢

GB/T 2314—2008　电力金具通用技术条件

GB/T 2315—2017　电力金具标称破坏载荷系列及连接型式尺寸

GB/T 2317.1—2008　电力金具试验方法　第 1 部分：机械试验

GB/T 2317.3—2008　电力金具试验方法　第 3 部分：热循环试验

GB/T 2317.4—2008　电力金具试验方法　第 4 部分：验收规则

GB/T 3190—2020　变形铝及铝合金化学成分

GB/T 3880.1—2012　一般工业用铝及铝合金板、带材　第 1 部分：一般要求

GB/T 3880.2—2012　一般工业用铝及铝合金板、带材　第 2 部分：力学性能

GB/T 3880.3—2012　一般工业用铝及铝合金板、带材　第 3 部分：尺寸偏差

GB/T 4437.1—2015　铝及铝合金热挤压管　第 1 部分：无缝圆管

GB/T 5075—2016　电力金具名词术语

GB/T 6892—2015　一般工业用铝及铝合金挤压型材

GB/T 8162—2018　结构用无缝钢管

GB/T 11352—2009　一般工程用铸造碳钢件

GB/T 14315—2008　电力电缆导体用压接型铜、铝接线端子和连接管

GB/T 16927.1—2011　高电压试验技术　第 1 部分：一般定义及试验要求

GB/T 17937—2009　电工用铝包钢线

GB/T 23308—2009　架空绞线用铝—镁—硅系合金圆线

DL/T 284—2021　输电线路杆塔及电力金具用热浸镀锌螺栓与螺母

DL/T 683—2010　电力金具产品型号命名方法

DL/T 756—2009　悬垂线夹

DL/T 757—2021　耐张线夹

DL/T 758—2021　接续金具

DL/T 759—2009　连接金具

DL/T 764—2014　电力金具用杆部带销孔六角头螺栓

DL/T 765.1—2021　架空配电线路金具　第 1 部分：通用技术条件

DL/T 765.2—2021　架空配电线路金具　第 2 部分：额定电压 35kV 及以下架空裸导线金具

DL/T 765.3—2021　额定电压 10kV 及以下架空绝缘导线金具

DL/T 768.1—2017　电力金具制造质量　第 1 部分：可锻铸铁件

DL/T 768.2—2017　电力金具制造质量　第 2 部分：黑色金属锻制件

DL/T 768.3—2017　电力金具制造质量　第 3 部分：冲压件

DL/T 768.4—2017　电力金具制造质量　第 4 部分：球墨铸铁件

DL/T 768.5—2017　电力金具制造质量　第 5 部分：铝制件

DL/T 768.6—2021　电力金具制造质量　第 6 部分：焊接件和热切割件

DL/T 768.7—2012　电力金具制造质量　钢铁件热镀锌层

DL/T 1099—2021　防振锤技术条件和试验方法

YB/T 4165—2018　防振锤用钢绞线

YB/T 5004—2012　镀锌钢绞线

国家电网有限公司材料类物资采购标准（2019 版）线路金具串、零星金具卷

国家电网公司输变电工程通用设计　10kV 配电线路金具分册（2013 年版）

国家电网公司输变电工程通用设计　10kV 及 35kV 配电线路金具图册（2013 年版）

3　资质信息

3.1　企业信息

3.1.1　※基本信息

查阅营业执照。

供应商为中华人民共和国境内依法注册的法人或其他组织。

3.1.2　法定代表人/负责人信息

查阅法定代表人身份证（或护照），与营业执照上法定代表人姓名一致。

3.1.3　财务信息

查阅审计报告、财务报表，其中审计报告为具有资质的第三方机构出具。

3.1.4　资信等级证明

查阅银行或专业评估机构出具的证明。

3.1.5　注册资本和股本结构

查阅验资报告，验资报告为合法的验资机构出具。

3.2　报告证书

3.2.1　※检测报告

查阅检测报告、送样样品生产过程记录以及其他支撑资料。

a)　检测报告出具机构为国家授权的专业检测机构［具有计量认证合格证书（CMA）及中国合格评定委员会颁发的 CNAS 实验室认可证书，且证书附表检测范围涵盖被核实产品的试验项目］。

b)　检测报告的委托方和产品制造方是供应商自身。

c)　检测产品类别与被核实的产品类别相符，不同类别金具的检测报告不能相互代替，同一类别不同规格产品可以遵循以大代小原则。

d)　产品的检测报告符合相应的国家标准、行业标准、国家电网公司物资采购标准规定的试验项目和试验数值的要求，试验报告项目应符合附录 A。

e)　当被核实产品在设计、材料或工艺变更后，重新进行相应的检测试验，并出具变更后的产品检测报告。

f)　检测报告中载明的报告有效期、国家标准、行业标准、国家电网有限公司物资采购标准规定的检测报告有效期有差异的，以有效期短的为准；国家标准、行业标准、国家电网有限公司物资采购标准、试验机构均未明确检测报告有效期的，检测报告有效期按长期有效认定。

3.2.2　鉴定证书

查阅鉴定证书。

3.2.3　※管理体系认证

查阅管理体系认证证书。具有质量管理体系证书，证书在有效期内，有定期年检记录且认证范围涵盖被核实产品。

3.3 产品业绩

查阅供货合同及相对应的合同销售发票。

a) 合同的供货方和实际产品的生产方均为供应商自身。

b) 出口业绩提供报关单中文版本或经公证后的中文译本合同。

c) 不予统计的业绩有（不限于此）：

1) 与同类产品制造厂之间的业绩。

2) 在试验室或试验站的业绩。

3) 与经销商代理商之间的业绩。

4) 出口业绩的外贸合同、发票、报关单及对应产品型号等信息资料难以核实或不全的。

5) 作为元器件、组部件的业绩。

4 设计研发能力

4.1 技术来源与支持

查阅与合作支持方的协议以及设计文件图纸等相关信息。

4.2 设计研发内容

查阅产品研发的设计、试验、关键工艺技术、质量控制方面的情况。

4.3 设计研发人员

查阅设计研发部门的机构设置及人员信息。

4.4 设计研发工具

查阅实际研发设计工具等相关信息。

4.5 获得专利情况

查阅与产品相关的专利证书。

4.6 参与标准制（修）订情况

查阅主持或参与制（修）订并已发布的标准及相关证明材料信息。

4.7 产品获奖情况

查阅与产品相关的省部级及以上获奖证书等相关信息。

4.8 商业信誉

查阅企业相关国家、行业或第三方发布的综合实力、品牌等排名。

5 生产制造能力

5.1 ※生产厂房

查阅不动产权证书、土地使用权证、房屋产权证、厂房设计图纸、房屋租赁合同、用电客户编号等相关信息。

具有与产品生产相配套的厂房，厂房若为租用则提供租赁合同及相应证明文件等。其厂房面积、生产环境和工艺布局满足生产需要。从原材料/组部件存放、生产装配、检验到产品入库的每道工序场地合理布局满足工艺文件规定，能保证被核实产品的生产。

5.2 生产工艺

5.2.1 工艺控制文件

查阅工艺控制文件、管理体系文件等相关信息。

主要生产工艺和工序控制点的工艺文件，依据的技术标准正确，各工序控制参数满足相应的标准、工艺要求。作业指导书齐全且具有可操作性。焊接工艺评定文件支撑焊接作业文件。工艺管理制度健全。各工艺环节中无国家明令禁止的行为。

不同类型金具的主要生产工序如下：

a) 耐张线夹：钢锚锻造、机加工、熔炼、浇铸、压铸、热处理、修毛刺、钻孔、热镀锌、装配。

b) 并沟线夹：型材挤压、锻压、切割、裁边、冲孔、修毛刺、表面处理、装配，或熔炼、浇铸、修毛刺、钻孔、抛丸、装配。

c) 锻造类连接金具：下料、锻造、切边、打磨、热处理、机加工、热镀锌、装配。

d) 板材类连接金具：下料、切割、切边、打磨、热处理、机加工、热镀锌、装配。

e) 预绞式金具：成型、绞合、上胶、铺砂、尾端处理、表面处理、装配。

f) 绝缘导线配套金具：机加工、熔炼、浇铸、压铸、热处理、修毛刺、钻孔、热镀锌、装配。

5.2.2 关键生产工艺控制

查阅工艺流程控制记录等相关信息。

产品工艺技术成熟、稳定，现场可见被核实产品或同类产品生产过程。从原材料/组部件到产品入库所规定的每道工序的工艺技术能保证产品生产的需要。生产产品的各个工序按工艺文件执行，现场记录内容规范、详实，具有可追溯性。现场定置管理，有明显的标识牌，主要的生产设备的操作规程图表上墙。

5.3 ※生产设备

查阅设备的现场实际情况及购买合同、发票等相关信息。

a) 具有与产品生产相适应的设备应符合附录 B，设备自有，不能租用、借用其他公司的设备，且使用情况良好。

b) 设备使用正常，设备上的仪器仪表具有合格的检定或校准证书，并在有效期内。建立设备管理档案（包括使用说明、台账、保养维护记录等），其维修保养等记录规范、详实，具有可追溯性。

5.4 生产、技术、质量管理人员

查阅人力资源部门管理文件（如劳动合同、人员花名册、社保证明等），包括生产、技术、质量管理等人员数量。结合现场实际情况，观察现场人员的操作水平。

a) 具有满足生产需要的专职生产人员及技术人员。一线生产人员培训上岗，操作熟练，其中特种设备作业人员持证上岗。

b) 具有质量管理组织机构、质量管理部门及人员。

6 试验检测能力

6.1 ※试验场所

查看试验场所现场情况。

具有与核实产品相配套的独立试验场所，与生产场所相对隔离，有明显警示标志，试验场所的面积及环境满足试验要求。

6.2 试验检测管理

查阅相关的规章制度文件、原始记录以及出厂试验报告等相关信息。

a) 具有试验检测管理制度、操作规程、试验标准，并在操作过程中严格按照规程执行。

b) 出厂试验报告记录完整、正确，存档管理。

6.3 ※试验检测设备

查阅设备的现场实际情况及购头合同、发票等相关信息。

a) 具有满足原材料入厂检验、生产过程检验和产品出厂检验所需的试验检验设备，不能租用或借用。主要试验检测设备应符合附录 C。

b) 设备使用正常，具有检定报告，并在检定合格期内。建立设备管理档案（包括使用说明、台账、保养维护记录等），其维修保养等记录规范。

c) 强制检定计量仪器仪表、设备具有相应资质单位出具的有效检定证书。

6.4 试验检测人员

查阅人力资源部门管理文件（如劳动合同、人员花名册等）、人员资质证书以及培训记录。

试验人员能独立完成入厂、过程及出厂检测，操作熟练，能理解或掌握相关国家标准、电力行业标准和国家电网有限公司物资采购标准的有关规定，并具有一定的试验结果分析能力。涉及绝缘组部件的供应商至少具有两名高压试验人员，试验人员经过考核培训，持证上岗。

6.5 ※现场抽样

6.5.1 抽查出厂试验报告及原始记录

现场抽查至少两份产品的出厂检测记录，记录规范完整、项目齐全，检测结果满足相关标准要求。

6.5.2 抽样检测

原则上现场应对与被核实产品相同或相近型式的产品进行抽样检验。样品应在供应商声明的合格产品中抽取，抽样检验项目一般在出厂试验项目中选取。抽样检验重点核实供应商试验方法、试验场地环境、人员操作能力、仪器设备有效性和产品性能等方面。

在已具备出厂条件的产品中抽取两个类别，每个类别抽取 3 个产品，选取抽样试验项目中的 3 个项目，依据现行国家标准、行业标准进行试验。核实试验方法、试验场地环境、人员操作能力、仪器设备有效性和产品性能。现场抽样试验项目应符合附录 A。

现场具备检测条件，抽样试验应一次性通过。

7 原材料/组部件管理

7.1 ※管理规章制度

查阅原材料/组部件管理规章制度。

a) 具有进厂检验制度或标准，具有原材料/组部件管理制度。

b) 具有主要原材料/组部件供应商筛选制度。

关键原材料/组部件包括：

一般线路金具：铝锭、铝管、型钢、锻钢件、锌锭、铸铁件、标准件、橡胶件。

预绞式金具：铝锭、型钢、锻钢件、锌锭、铸铁件、标准件、橡胶件、铝包钢单丝、铝合金单丝、金刚砂等。

7.2 管理控制情况

查看原材料/组部件管理实际执行情况。

a) 采用的原材料/组部件无国家明令禁止的。

b) 按工艺文件所规定的技术要求和相应管理文件，根据生产计划采购。主要原材料/组部件供应商变更有相应的报告并在相关工艺文件中说明。

c) 按规定进行进厂检验，验收合格后入库，检测记录完整、详实，并具有可追溯性。

d) 物资仓库有足够的存储空间和适宜的环境，实行定置管理，分类独立存放，标识清晰、正确、规范、合理。

e) 原材料/组部件使用现场记录内容规范、详实，并具有可追溯性。

7.3 ※现场抽查

查验原材料/组部件管理文件、材料及环境。

a) 查验原材料/组部件管理规程、设计图纸、采购合同等相关信息。

b) 无国家明令禁止的原材料/组部件。

c) 现场随机抽查两种关键的原材料/组部件（如钢材、标准件等），查看关键原材料/组部件的采购合同、出厂检测报告、组部件供应商资质文件、入厂检测记录、组部件管理文件等是否齐全，并查看关键原材料/组部件的存放环境。

8 数智制造

应用互联网和物联网技术，打造"透明工厂"，生产制造、试验检验、原材料/组部件管理等信息对买方公开，接入国家电网电工装备智慧物联平台。

加强数字基础设施建设，推动数字技术与先进制造技术融合发展。供应商相关业务数据、原材料/组部件检验数据、生产过程检验数据、出厂试验数据、成品信息数据和视频数据等支持自动采集或系统推送。数据接口需保障数据完整性、正确性、安全性，具有可扩展性、通信实时性等。

9 绿色发展

查看供应商资源能源消耗情况、战略体系、绿色认证及其他支撑材料，包括：

a) 相关油、水、气、煤及电力、热力等能源消耗，建立能源利用统计报表制度，分析生产经营环节能源利用情况。

b) 相关绿色工厂认证、绿色产品标识、绿色供应链管理等相关资质文件。

c) 将绿色发展理念融入战略体系中，并形成明确的绿色发展目标，制定详实且具有操作性的实施路径。

d) 建立、实施并保持支撑企业绿色低碳发展的绿色管理体系情况，包括但不限于能源管理体系、碳排放管理体系、能源计量管理体系等。

e) 使用无害原材料，禁止使用国家明令禁止的淘汰设备、工艺技术等，并应用国家鼓励的节能设备与先进工艺技术情况。

f) 建立完善的绿色采购管理制度，推广绿色包装材料应用，并建立系统的循环利用体系，实施绿色制造情况。

g) 生产环节的大气污染物排放、水体污染物排放、固体废弃物排放、噪声排放等基础排放符合相关国家标准及地方标准要求情况。

10 售后服务及产能

查阅管理文件、组织机构设置、人员档案以及售后服务记录等相关信息。

产能情况通过现场实际情况及供应商提供的产能计算报告，根据产品生产的瓶颈进行判断。

本文件中所有核实内容都将对供应商参与招投标活动有重要影响，其中标记"※"的内容是以往招标必备项的要求，也是重点核实内容，其他未标记"※"的为一般核实内容。

附 录 A
检测报告包含试验项目

检测报告包含试验项目应符合表 A.1。

表 A.1 检测报告包含试验项目

金具种类	序号	※ 型式试验	例行试验（出厂检验）	抽样试验
悬垂线夹	1	外观	1）外观； 2）尺寸	1）外观； 2）尺寸； 3）组装； 4）热镀锌锌层厚度； 5）破坏载荷
	2	尺寸		
	3	组装		
	4	热镀锌锌层		
	5	破坏载荷		
	6	握力		
耐张线夹	1	外观	1）外观； 2）尺寸	1）外观； 2）尺寸； 3）组装； 4）热镀锌锌层厚度； 5）破坏载荷 b
	2	尺寸		
	3	组装		
	4	热镀锌锌层		
	5	破坏载荷 b		
	6	握力		
	7	电阻 a		
	8	温升 a		
	9	热循环 a		
连接金具	1	外观	1）外观； 2）尺寸； 3）非破坏性试验	1）外观； 2）尺寸； 3）组装； 4）热镀锌锌层厚度； 5）非破坏性试验； 6）破坏载荷
	2	尺寸		
	3	组装		
	4	热镀锌锌层		
	5	破坏载荷		
接续金具	1	外观	1）外观； 2）尺寸	1）外观； 2）尺寸； 3）组装
	2	尺寸		
	3	组装		
	4	热镀锌锌层		
	5	握力		
	6	电阻		
	7	温升		
	8	热循环		

表 A.1（续）

金具种类	序号	※ 型式试验	例行试验 （出厂检验）	抽样试验
防振锤	1	外观	1）外观； 2）尺寸	1）外观； 2）尺寸； 3）组装； 4）锤头对钢绞线握力； 5）热镀锌锌层厚度
	2	尺寸		
	3	防腐		
	4	线夹对导/地线的握力		
	5	线夹与螺栓紧固		
	6	锤头对钢绞线握力		
	7	线夹对钢绞线握力		
	8	防振锤功率特性		
	9	防振锤防振效果评估		
	10	防振锤疲劳		
绝缘导线配套金具（悬垂线夹）	1	外观、尺寸	1）外观； 2）尺寸； 3）组装	1）外观； 2）尺寸； 3）组装； 4）热镀锌锌层厚度； 5）握力； 6）耐压试验； 7）破坏载荷
	2	结构、组装		
	3	热镀锌锌层		
	4	破坏载荷		
	5	握力		
	6	耐压试验		
	7	低温冲击		
绝缘导线配套金具（耐张线夹）	1	外观、尺寸	1）外观； 2）尺寸； 3）组装	1）外观； 2）尺寸； 3）组装； 4）热镀锌锌层厚度； 5）握力； 6）耐压试验； 7）破坏载荷
	2	结构、组装		
	3	热镀锌锌层		
	4	破坏载荷		
	5	握力		
	6	耐压试验		
	7	绝缘夹板物理机械性能		
	8	低温冲击		
绝缘导线配套金具（接续金具）	1	外观、尺寸	1）外观； 2）尺寸； 3）组装	1）外观； 2）尺寸； 3）组装； 4）热镀锌锌层厚度； 5）握力
	2	结构、组装		
	3	热镀锌锌层		
	4	握力		
	5	电阻		
	6	温升、热循环		
	7	短路电流		

表 A.1（续）

金具种类	序号	※ 型式试验	例行试验（出厂检验）	抽样试验
绝缘导线配套金具（绝缘罩）	1	外观、尺寸	1）外观； 2）尺寸； 3）组装	1）外观； 2）尺寸； 3）组装
	2	结构、组装		
	3	耐电痕		
	4	体积电阻率		
	5	热老化		
	6	耐热		
	7	人工气候老化		
a 仅用于压缩型。 b 仅用于螺栓型及楔型耐张线夹。				

附　录　B
生　产　设　备

生产设备包括：

a）锻压类金具。

　　1）※加热设备。

　　2）※锻压设备。

　　3）※热处理设备。

　　4）※机加工设备。

　　5）※焊接设备等。

b）铸造类金具。

　　1）※熔炼及加热设备。

　　2）※铸造设备。

　　3）※热处理设备。

　　4）※机加工设备。

　　5）※焊接设备等。

c）可锻铸铁类金具。

　　1）※熔炼及加热设备。

　　2）※铸造设备。

　　3）※热处理设备。

　　4）※机加工设备。

　　5）※焊接设备等。

d）铝铜铝类金具。

　　1）※熔炼及加热设备。

　　2）※铸造设备。

　　3）※锻压设备。

　　4）※热处理设备。

　　5）※机加工设备。

　　6）※焊接设备等。

e）预绞式金具。

　　1）※成型设备。

　　2）※铺砂设备。

　　3）※绞合设备。

　　4）※表面处理设备。

附　录　C
试　验　检　测　设　备

试验检测设备包括：

a)　※普通五元素快速分析仪或光谱分析仪等化学成分分析设备。

b)　※锌层厚度测试设备。

c)　※拉力试验检测设备。

d)　※通止规。

e)　外观及尺寸偏差检测量具。

f)　※涉及绝缘导线配套金具的供应商具备直流电阻测试仪、交流试验变压器(50kV 及以上)、绝缘电阻测试仪。

铁附件供应商资质能力
信息核实规范

目　　次

铁附件供应商资质能力信息核实规范

1 范围

本文件规定了国家电网有限公司对铁附件产品供应商的资质条件以及制造能力信息进行核实的依据。

本文件适用于国家电网有限公司铁附件产品供应商的信息核实工作。

2 规范性引用文件

下列文件中的内容通过文中的规范性引用而构成本文件必不可少的条款。其中，注日期的引用文件，仅该日期对应的版本适用于本文件；不注日期的引用文件，其最新版本（包括所有的修改单）适用于本文件。

GB/T 699—2015 优质碳素结构钢

GB/T 700—2006 碳素结构钢

GB/T 706—2016 热轧型钢

GB/T 1591—2018 低合金高强度结构钢

GB/T 8162—2018 结构用无缝钢管

GB/T 11345—2013 焊缝无损检测 超声检测 技术、检测等级和评定

GB/T 13793—2016 直缝电焊钢管

GB/T 13912—2020 金属覆盖层 钢铁制件热浸镀锌层 技术要求及试验方法

JGJ 81—2002 建筑钢结构焊接技术规程

JB/T 3223—2017 焊接材料质量管理规程

NB/T 47013.4—2015 承压设备无损检测 第4部分：磁粉检测

NB/T 47013.5—2015 承压设备无损检测 第5部分：渗透检测

GB/T 2694—2018 输电线路铁塔制造技术条件

DL/T 646—2021 输变电钢管结构制造技术条件

Q/GDW 1384—2015 输电线路钢管塔加工技术规程

国家电网有限公司材料类物资采购标准（2019年版）杆塔卷、铁附件卷

DL/T 1424—2015 电网金属技术监督规程

3 资质信息

3.1 企业信息

3.1.1 ※基本信息

查阅营业执照。

供应商为中华人民共和国境内依法注册的法人或其他组织。

3.1.2 法定代表人/负责人信息

查阅法定代表人身份证（或护照），与营业执照上法定代表人姓名一致。

3.1.3 财务信息

查阅审计报告、财务报表，其中审计报告为具有资质的第三方机构出具。

3.1.4 资信等级证明

查阅银行或专业评估机构出具的证明。

3.1.5 注册资本和股本结构

查阅验资报告，验资报告为合法的验资机构出具。

3.2 报告证书

3.2.1 ※检测报告

查阅检测报告、送样样品生产过程记录以及其他支撑资料。

a) 检测报告为国家授权的专业检测机构［具有计量认证合格证书（CMA）或中国合格评定委员会颁发的 CNAS 实验室认可证书］出具的产品有效试验报告，各类试验报告均系针对具体型式规格产品的试验报告。

b) 检测报告的委托方和产品制造方是供应商自身。

c) 检测报告符合相应的国家标准、行业标准、国家电网有限公司物资采购标准规定的试验项目和试验数值的要求，试验报告项目应符合附录 A。

d) 当产品在设计、工艺、生产条件或所使用的材料、主要元器件、组部件做重要改变时，或者产品转厂生产或异地生产时，重新进行相应的型式试验。

e) 国家标准、行业标准规定的检测报告有效期有差异的，以有效期短的为准；国家标准、行业标准均未明确检测报告有效期的，检测报告有效期按长期有效认定。

3.2.2 鉴定证书

查阅鉴定证书。

3.2.3 ※管理体系认证

查阅管理体系认证证书。具有质量管理体系证书，证书在有效期内，有定期年检记录且认证范围涵盖被核实产品。

3.3 产品业绩

查阅供货合同及相对应的合同销售发票。

a) 合同的供货方和实际产品的生产方均为供应商自身。

b) 出口业绩提供报关单中文版本或经公证后的中文译本合同。

c) 不予统计的业绩有（不限于此）：

　　1) 与同类产品制造厂之间的业绩。

　　2) 在试验室或试验站的业绩。

　　3) 与经销商、代理商之间的业绩。

　　4) 出口业绩的外贸合同、发票、报关单及对应产品型号等信息资料难以核实

国家电网有限公司
STATE GRID
CORPORATION OF CHINA

或不全的。

　　5）　作为元器件、组部件的业绩。

4　设计研发能力

4.1　技术来源与支持

查阅与合作支持方的协议以及设计文件图纸等相关信息。

4.2　设计研发内容

查阅产品研发的设计、试验、关键工艺技术、质量控制方面的情况。

4.3　设计研发人员

查阅设计研发部门的机构设置及人员信息。

4.4　设计研发工具

查阅实际研发设计工具等相关信息。

4.5　获得专利情况

查阅与产品相关的专利证书。

4.6　参与标准制（修）订情况

查阅主持或参与制（修）订并已发布的标准及相关证明材料信息。

4.7　产品获奖情况

查阅与产品相关的获奖证书等相关信息。

4.8　商业信誉

查阅企业相关国家、行业或第三方发布的综合实力、品牌等排名。

5　生产制造能力

5.1　※生产厂房

查阅不动产权证书、土地使用权证、房屋产权证、厂房设计图纸、房屋租赁合同、用电客户编号等相关信息。

具有与产品生产相配套的厂房，厂房若为租用则提供租赁合同及相应证明文件等。其厂房面积、生产环境和工艺布局满足生产需要。从原材料/组部件存放、生产装配、检验到产品入库的每道工序场地合理布局满足工艺文件规定，能保证被核实产品的生产。

5.2　生产工艺

5.2.1　工艺控制文件

查阅工艺控制文件、管理体系文件等相关信息。

主要生产工艺和工序控制点的工艺文件，依据的技术标准正确，各工序控制参数满足相应的标准、工艺要求。作业指导书齐全且具有可操作性。焊接工艺评定文件支撑焊接作业文件。工艺管理制度健全。各工艺环节中无国家明令禁止的行为。

5.2.2　关键生产工艺控制

查阅工艺流程控制记录等相关信息。

产品工艺技术成熟、稳定，现场可见被核实产品或同类产品生产过程。从原材料/组部件到产品入库所规定的每道工序的工艺技术能保证产品生产的需要。生产产品的各个工序按工艺文件执行，现场记录内容规范、详实，具有可追溯性。现场定置管理，有明显的标识牌，主要的生产设备的操作规程图表上墙。

5.3 ※生产设备

查阅设备的现场实际情况及购买合同、发票等相关信息。

a) 具有与产品生产相适应的设备应符合附录 B，设备自有，不能租用、借用其他公司的设备，且使用情况良好。

b) 设备使用正常，设备上的仪器仪表具有合格的检定或校准证书，并在有效期内。建立设备管理档案（包括使用说明、台账、保养维护记录等），其维修保养等记录规范详实，具有可追溯性。

5.4 生产、技术、质量管理人员

查阅人力资源部门管理文件（如劳动合同、人员花名册、社保证明等），包括生产、技术、质量管理等人员数量。结合现场实际情况，观察现场人员的操作水平。

a) 具有满足生产需要的专职生产人员及技术人员。一线生产人员培训上岗，操作熟练，其中特种设备作业人员持证上岗。

b) 具有质量管理组织机构、质量管理部门及人员。

6 试验检测能力

6.1 ※试验场所

查看试验场所现场情况。

具有与核实产品相配套的独立试验场所，与生产场所相对隔离，有明显警示标志，试验场所的面积及环境满足试验要求。

6.2 试验检测管理

查阅相关的规章制度文件、原始记录以及出厂试验报告等相关信息。

a) 具有试验检测管理制度、操作规程、试验标准，并在操作过程中严格按照规程执行。

b) 出厂试验报告记录完整、正确，存档管理。

6.3 ※试验检测设备

查阅设备的现场实际情况及购买合同、发票等相关信息。

a) 具有满足全部出厂试验项目的设备应符合附录 C，不能租用、借用其他公司的设备或委托其他单位进行出厂试验。

b) 设备使用正常，具有检定或校准报告，并在合格有效期内。建立设备管理档案（包括使用说明、台账、保养维护记录等），其维修保养等记录规范、详实，具有可追溯性。强制检定计量仪器、设备具有相应资格单位出具的有效检定、校准证书。

6.4 试验检测人员

查阅人力资源部门管理文件（如劳动合同、人员花名册等）、人员资质证书以及培训记录。

试验人员能独立完成入厂、过程及出厂检测，操作熟练，能理解或掌握相关国家标准、电力行业标准和国家电网有限公司物资采购标准的有关规定。

6.5 ※现场抽样

6.5.1 抽查出厂试验报告及原始记录

现场抽查至少两份出厂检测记录，记录规范完整、项目齐全，检测结果满足相关标准要求，出厂试验项目应符合附录D。

6.5.2 抽样检测

原则上现场应对与被核实产品相同或相近型式的产品进行抽样检验。样品应在供应商声明的合格产品中抽取，抽样检验项目一般在出厂试验项目中选取。抽检检验重点核实供应商试验方法、试验场地环境、人员操作能力、仪器设备有效性和产品性能等方面。

在已具备出厂条件的产品中抽取 1 件，选取出厂试验项目中的两个项目，依据现行国家标准、行业标准进行试验。核实试验方法、试验场地环境、人员操作能力、仪器设备有效性和产品性能。现场抽样试验项目应符合附录A。

现场具备检测条件，抽样试验应一次性通过。

7 原材料/组部件管理

7.1 ※管理规章制度

查阅原材料/组部件管理规章制度。

a) 具有进厂检验制度或标准，具有原材料/组部件管理制度。

b) 具有主要原材料/组部件供应商筛选制度。

7.2 管理控制情况

查看原材料/组部件管理实际执行情况。

a) 采用的原材料/组部件无国家明令禁止的。

b) 按工艺文件所规定的技术要求和相应管理文件，根据生产计划采购。主要原材料/组部件供应商变更有相应的报告并在相关工艺文件中说明。

c) 按规定进行进厂检验，验收合格后入库，检测记录完整、详实，并具有可追溯性。

d) 物资仓库有足够的存储空间和适宜的环境，实行定置管理，分类独立存放，标识清晰、正确、规范、合理。

e) 原材料/组部件使用现场记录内容规范、详实，并具有可追溯性。

7.3 ※现场抽查

查验原材料/组部件管理文件、材料及环境。

a) 查验原材料/组部件管理规程、设计图纸、采购合同等相关信息。

b) 无国家明令禁止的原材料/组部件。

c) 现场随机抽查两种关键的原材料/组部件（如钢材、标准件等），查看关键原材料/组部件的采购合同、出厂检测报告、组部件供应商资质文件、入厂检测记录、组部件管理文件等是否齐全，并查看关键原材料/组部件的存放环境。

8 数智制造

应用互联网和物联网技术，打造"透明工厂"，生产制造、试验检验、原材料/组部件管理等信息对买方公开，接入国家电网电工装备智慧物联平台。

加强数字基础设施建设，推动数字技术与先进制造技术融合发展。供应商相关业务数据、原材料/组部件检验数据、生产过程检验数据、出厂试验数据、成品信息数据和视频数据等支持自动采集或系统推送。数据接口需保障数据完整性、正确性、安全性，具有可扩展性、通信实时性等。

9 绿色发展

查看供应商资源能源消耗情况、战略体系、绿色认证及其他支撑材料，包括：

a） 相关油、水、气、煤及电力、热力等能源消耗，建立能源利用统计报表制度，分析生产经营环节能源利用情况。

b） 相关绿色工厂认证、绿色产品标识、绿色供应链管理等相关资质文件。

c） 将绿色发展理念融入战略体系中，并形成明确的绿色发展目标，制定详实且具有操作性的实施路径。

d） 建立、实施并保持支撑企业绿色低碳发展的绿色管理体系情况，包括但不限于能源管理体系、碳排放管理体系、能源计量管理体系等。

e） 使用无害原材料，禁止使用国家明令禁止的淘汰设备、工艺技术等，并应用国家鼓励的节能设备与先进工艺技术情况。

f） 建立完善的绿色采购管理制度，推广绿色包装材料应用，并建立系统的循环利用体系，实施绿色制造情况。

g） 生产环节的大气污染物排放、水体污染物排放、固体废弃物排放、噪声排放等基础排放符合相关国家标准及地方标准要求情况。

10 售后服务及产能

查阅管理文件、组织机构设置、人员档案以及售后服务记录等相关信息。

产能情况通过现场实际情况及供应商提供的产能计算报告，根据产品生产的瓶颈进行判断。

本文件中所有核实内容都将对供应商参与招投标活动有重要影响，其中标记"※"的内容是以往招标必备项的要求，也是重点核实内容，其他未标记"※"的为一般核实内容。

附 录 A
检测报告包含试验项目

检测报告包含试验项目包括：

a) ※外观尺寸检查（厚度、长度、孔形、孔距等）。

b) ※涂层检查（锌层表面质量、厚度、附着性等）。

c) 力学性能试验。

d) 材质分析试验。

e) 焊接探伤（当铁附件存在焊缝时）。

附 录 B
生 产 设 备

生产设备包括：

a) ※角钢、型钢及板材自动生产线或加工设备（剪板机、折弯机、切割机、冲床或钻床）。

b) ※二氧化碳气体保护焊机（或直流焊机）不少于两台。

c) ※具有热镀锌能力（镀锌可外委，镀锌外委时有固定合作方，且供应商提供与镀锌厂签订的镀锌外委合同。镀锌厂的营业执照、排污许可证、组织机构代码证书或含社会统一信用代码的新版营业执照）。

d) 火曲加热设备。

e) 螺纹加工设备（滚牙机、攻丝机、螺纹铣床等）。

f) 磨光机。

g) 矫直设备。

h) 焊条烘干设备。

附 录 C
试 验 检 测 设 备

试验检测设备包括：

a) ※锌层厚度检测仪。

b) 钢材材质分析设备（或具备材质分析能力）。

c) 紧固件复检和剪切试验装置。

d) 万能材料试验机（0～600kN 及以上；精度：1 级）。

e) 焊缝探伤设备。

<h1 style="text-align: center;">附 录 D</h1>
<h2 style="text-align: center;">出 厂 试 验 项 目</h2>

出厂试验项目包括：

a) 外观检查（构件外观、长度、厚度、孔形、孔距、弯曲、焊缝质量等）。

b) 锌层外观质量、厚度及附着性。